Entre, fique à vontade! Você está no *Jardim de Napoli*, uma das casas mais tradicionais de São Paulo, que tem orgulho de receber aqueles que apreciam a boa mesa num ambiente agradável.

O livro "Alla Napoletana" retrata tudo aquilo que a empresa acredita ao resgatar a história da gastronomia sob o ponto de vista do imigrante italiano, um povo que ajudou a escrever a história da maior cidade do país, São Paulo. E como se não bastasse a rica gastronomia, herdamos ainda a alegria e a garra desse povo que, ainda hoje, tem muito que agregar à nossa cultura. Por isso estamos juntos nesse projeto, *Redecard* e *Jardim de Napoli*, uma empresa contribuindo para a consolidação da cultura nacional e a outra apoiando suas iniciativas.

Este livro permite ainda que seus leitores desfrutem das receitas e possam levar um pouquinho de um dos mais renomados restaurantes de São Paulo para suas casas. É com enorme satisfação que a *Redecard* patrocina esta iniciativa.

ANASTÁCIO RAMOS
Diretor Presidente da Redecard

Editor: André Boccato
Texto: Sandro Ferrari
Projeto Gráfico: Casa do Design - Camilla Frisoni Sola e Luiz Flavio Giannotti
Direção de Arte: Casa do Design
Direção de Fotografia: Camilla Frisoni Sola
Fotografias: Marco de Bari
Fotografias Acervo do Memorial do Imigrante: págs. 21, 24, 25, 26, 28 e 38
Fotografias Acervo Família Buonerba: pág. 8; págs. 10 e 11 (Baia de Nápolis com vulcão Vesúvio ao fundo), pág. 12; pág. 18; pág. 27 (Porto de Nápolis); págs. 30 e 31 (Totó, ator italiano); pág. 32 (secagem de macarrão em fábrica italiana); pág. 35; págs. 42 e 43; pág. 44; págs. 46 a 67 e págs. 90 a 91
Fotografias Getty Images: Hulton Collection/ Hulton Archive (mercado em Nápolis), págs. 16 e 17; Carlo Bavagnoli / Lonely Planet Images (menino napolitano na rua), pág. 41
Coordenação: Rita Pereira de Souza
Pesquisa Histórica e Iconográfica: Sandro Ferrari
Receitas: Toninho Buonerba
Consultoria Nutricional: Aline Leitão
Revisão de Texto: Catarina Corrêa
Tratamento de Imagens: Leandro Fonseca
Finalização de Arquivos: Ed Edison Diniz Filho e Renata De Bonis
Assistente de Fotografia: Pedro Abreu
Agenciamento: Marcel Mariano Grego dos Santos
Produção: Airton G. Pacheco
Peças e Objetos: Casa Almeida Roupas de Cama, Cecília Dale, Empório Jorge Elias, Loeb Maison, Marcenaria Trancoso, M. Dragonetti Utensilios de Cozinha, Suxxar, Raul's Cozinha Bar & Acessórios, Roberto Simões Presentes e Porcela Schmidt
Equipe da Cantina Jardim de Napoli
EDITORA BOCCATO
Coordenação Administrativa: Maria Aparecida C. Ramos
Assistente: Maíra Viganó Ferrari
Exposições: Fernanda Padrão
Obs.: Para obter exibições da mostra "Alla Napoletana" em sua cidade, escrever para o e-mail : contato@boccato.com.br
EDITORA GAIA
Diretor Editorial: Jefferson L. Alves
Diretor de Marketing: Richard A. Alves
Impressão:

Editora Boccato Ltda. EPP
Rua Comendador Elias Zarzur, 1476 - Alto da Boa Vista
04736-002 - São Paulo - SP - Brasil
(11) 5686-5565
editora@boccato.com.br / andreboccato@gmail.com

Editora Gaia Ltda.
(pertence ao grupo Global Editora e Distribuidora Ltda.)
Rua Pirapitingüi, 111-A - Liberdade
01508-020 - São Paulo - SP - Brasil
(11) 3277-7999
www.globaleditora.com.br - gaia@editoragaia.com.br
Nº de Catálogo: 2859

Dados Internacionais de Catalogação na Publicação (CIP)
(Câmara Brasileira do Livro, SP, Brasil)

Ferrari, Sandro
  Alla Napoletana : Jardim de Napoli :
uma casa paulistana : (em depoimento para
Sandro Ferrari) / Antonio Buonerba. -- São Paulo :
Gaia ; Editora Boccato, 2006.

  ISBN 85-7555-119-1

  1. Alla Napoletana - Jardim de Napoli - São Paulo (SP) -
História 2. Culinária italiana 3. Gastronomia
4. Italianos - São Paulo (SP) I. Título.

06-8713   CDD-647.9509

Índices para catálogo sistemático:
1. Alla Napoletana : Jardim de Napoli : História
647.9509

© Copyright Editora Boccato – As receitas aqui apresentadas são de propriedade de Toninho Buonerba e Editora Boccato, e não podem ser reproduzidas (sob qualquer forma impressa ou digital) sem ordem expressa de seus detentores. Todas as receitas foram testadas, porém sua execução é uma interpretação pessoal. As imagens fotográficas das receitas são ilustrações artísticas, não reproduzindo necessariamente as proporções das mesmas. Assim, a Editora Boccato e Toninho Buonerba não se responsabilizam por eventuais diferenças na execução.

DEPOIMENTO DE ANTONIO BUONERBA
DA CANTINA JARDIM DE NAPOLI
AO HISTORIADOR SANDRO FERRARI

índice

IMIGRANTES ITALIANOS EM SÃO PAULO
página 18

A ITALIANIDADE PELA PORTA DA COZINHA
página 32

UMA CANTINA, MUITAS HISTÓRIAS	RECEITAS	SEGREDOS DE FAMÍLIA
página 44	*página* 92	*página* 140

Antonio Buonerba

Prefácio

Posso afirmar, com o máximo de orgulho e sem nenhuma vaidade, que eu faço parte da história do Jardim di Napoli. Era um molecote quando meu pai me levava à marcenaria de Don Ciccio Buonerba para comer pizzas, muito antes de ele e Dona Maria resolverem se transformar em cantineiros. Corria, ainda, a década de 40 do Século XX. Hoje, quase sessenta anos depois, os meus netos já começam a frequentar o endereço de magia dos Buonerba – além dos pais, do saudoso Salvatore e do Tonico, também os descendentes mais jovens, como o Chico, meu ponta-de-lança predileto no futebol do clube Pinheiros, e os agregados históricos, como o Adolfo Scardovelli, o Getúlio das linguiças, o Brás Zacarias, o Aílton, e as diversas gerações de garçons que me atenderam no salão. Faço tanta parte, aliás, que é de minha lavra uma foto de Luciano Pavarotti, devidamente emoldurada, bem ao lado do caixa. Troquei a foto com o Salvatore pelo polpettone de número 2.478 que lá devorei...

Sílvio Lancellotti
jornalista

O Inventor do Polpettone

O cliente desceu do carro na porta da tradicional cantina e pizzaria Jardim de Napoli, na Rua Dr. Martinico Prado, 463, no bairro de Higienópolis, em São Paulo, entregou a chave ao manobrista e subiu calmamente os degraus de acesso ao salão. Enquanto aguardava a mesa, um funcionário se aproximou e falou em voz baixa: "Aconteceu uma coisa desagradável". Surpreendido com a notícia, o cliente interrompeu a explicação. "O que? Faltou polpettone?". O funcionário explicou: "Não, acabaram de roubar seu carro". Curiosamente, o homem pareceu tranqüilizado. As pessoas que estavam em volta entenderam a reação e liberaram apenas discretos sorrisos. A história entrou para o anedotário da concorrida casa de Antonio Buonerba, o Toninho, inventor do mais renomado polpettone do Brasil – um bolo de ascendência italiana, à base de carne moída, recheado com mozzarella, empanado, frito e servido com molho de tomate e parmigiano. É o líder de pedidos na cantina. Clientes de todo o Brasil e mesmo do exterior aparecem para saboreá-lo. "Outro dia recebemos um francês que nos procurou por ter sido recomendado por um amigo em Paris", conta Toninho. O gerente da Jardim de Napoli, Adolfo Scardovelli, tem outra história divertida. "Há pouco tempo, um cliente levou duas porções para o filho que vive em Nova York", diz. "Felizmente, não foi barrado pelos severos controles dos Estados Unidos. Conseguiu entrar com elas no país, sem nenhum problema. Dias depois, o filho me telefonou para contar que comia polpettone aos pedacinhos, para não acabar logo".

Toninho não costuma revelar os nomes dos grandes apreciadores de sua especialidade. Sabe-se, porém, que um deles é o ex-presidente Fernando Henrique Cardoso, também fã do fusilli ao molho de calabresa feito na Jardim de Napoli. A fila de ilustres inclui ainda o produtor de televisão José Bonifácio de Oliveira Sobrinho, o Boni, o ministro Sepúlveda Pertence, do Supremo Tribunal Federal, as atrizes Claudia Raia e Ana Paula Arósio, o publicitário Washington Olivetto, o jornalista Thomaz Souto Correa e o cirurgião Raul Cutait. São pessoas que não conseguem passar muito tempo sem aparecer para saborear o polpettone. Quando comandava a TV Globo, no Rio de Janeiro, Boni mandava buscá-lo em São Paulo nos aviões da ponte aérea.

O prato faz sucesso desde o lançamento, em 1970. Inicialmente, Toninho preparava entre 900 e 1.200 unidades por mês. Hoje, são dez mil, distribuídos pela matriz da Rua Martinico Prado, a delikatessen na calçada em frente, a filial no Shoping Higienópolis e as vendas delivery. A elaboração consome 2,5 toneladas de molho, 2 toneladas de carne, 1 tonelada de queijo parmesão e 900 quilos de mozzarella. Existem duas variantes do prato: uma pesa 450 gramas e a outra, 250 gramas. Isso é tudo o que se consegue ouvir de Toninho, pois ele patenteou a receita na época da invenção e até hoje só a revelou ao fiel gerente e amigo Adolfo. Trabalhando na cantina há 48 anos, ele costuma ser assediado pela concorrência, que tenta arrancar-lhe o segredo com propostas tentadoras. A proteção formal também envolve o nome completo: polpettone à parmigiana com mozzarella. Desse modo, os advogados da Jardim de Napoli encontram respaldo para combater judicialmente eventuais plágios. "No início, éramos mais rigorosos e íamos atrás das supostas cópias", informa Toninho. "Agora, relaxamos um pouco, pois descobrimos que ninguém consegue fazer igual".

Os italianos colecionam receitas de polpettone, mas são diferentes da preparada na Jardim de Napoli. Quando feita em tamanho menor, chamam-na de polpetta, que se equivale à brasileira almôndega. São preparações à base de carne de boi ou peixe, picadas ou trituradas e habitualmente ligadas com ovo. Podem utilizar ingredientes crus ou cozidos. Mas os italianos fazem uma distinção importante. A polpetta deve ser frita, enquanto o polpettone passa ligeiramente no óleo e termina o cozimento *in umido*, vale dizer, em molho. As duas surgiram para aproveitar sobras de comida. O polpettone de Toninho teve origem semelhante. Desde os últimos tempos na Rua Maria Paula, no centro da cidade, onde a cantina foi fundada por seu pai, em 1949, o napolitano Francesco Buonerba, até o começo na Rua Dr. Martinico Prado, para a qual mudou em 1968, ele fazia experiências com as pontas do filet mignon. Eram descartes de pratos preparados na casa. "Eu batia aquela carne, colocava mozzarella no meio, empanava e fritava", conta. "Mas fui mudando aos poucos, incorporando ou descartando ingredientes ou temperos. Para chegar ao atual polpettone, levei dois anos". Hoje, a receita é feita com ingredientes adquiridos especialmente para ela. Alguns procedem do sítio que a Jardim de Napoli possui em Tatuí, a 135 quilômetros da capital – o tomate, por exemplo. Definitivamente consagrada, a invenção de Toninho virou um ícone da diversificada culinária paulistana.

J. A. Dias Lopes

Diretor de redação da revista Gula e colunista gastronômico do jornal O Estado de São Paulo.

Imigrantes italianos em São Paulo

... É POSSÍVEL PENSAR EM UMA
"NOVA SOCIEDADE PAULISTA",
CONSTITUÍDA POR NACIONAIS, IMIGRANTES
E SEUS DESCENDENTES, COM TRAÇOS PRÓPRIOS
E DIFERENCIADOS RELATIVAMENTE
A OUTRAS REGIÕES DO PAÍS.

Boris Fausto

Família Romanato em São Paulo, 1935

Na cidade de São Paulo é que se encontra a expressão máxima da presença italiana no Brasil, não somente por ter recebido um grande volume da imigração, condicionado pela produção cafeeira e industrial, mas também por causa da significativa contribuição cultural oferecida pelos italianos. De forma que, ao considerarem São Paulo como uma cidade italiana, os cronistas do início do século XX não cometeram nenhum exagero. A capital italianizada abrigava – já no ano de 1900 – cerca de 75.000 imigrantes oriundos da Itália, representando nada menos que 31% da população. Por essa época, era muito comum que se ouvissem pelas ruas os vários dialetos italianos, ou toques marciais das bandas fardadas de *bersaglieri*. *"Percebia-se imediatamente o caráter de italianidade na comida, nos anúncios (mesmo os avisos municipais para pagamento de impostos eram escritos em italiano e em português)..."* Os italianos e seus descendentes, em 1934, ainda somavam cerca de 50% da população paulista (1).

(1) - Trento, Angelo / Do Outro Lado do Atlântico / Nobel / São Paulo / 1988

A maior parcela da imigração italiana escolheu São Paulo como destino, causando um notável impacto demográfico e imprimindo intensa mudança na vida urbana. Começando pelo operariado, passando por artesãos e comerciantes, incluindo os maiores industriais, os italianos ocupavam praticamente todos os segmentos sociais. Na virada para o século XX, imigrantes vindos da Itália já detinham metade das lojas no comércio varejista; logo nos primórdios da industrialização, eram de origem italiana 80% dos operários. Por outro lado, despontariam no empresariado os grandes figurões da colônia: Lunardelli seria o rei do café, Morganti, o rei do açúcar; Nicola Scarpa, Alessandro Siciliano e Rodolfo Crespi seriam os banqueiros e industriais mais destacados, com o célebre Francesco Matarazzo à frente de um grupo que construiu as maiores fortunas daquele tempo. *A presença italiana no mundo empresarial paulista deixará marcas até os anos 60: ainda em 1962, 34,8% dos industriais de São Paulo eram italianos ou tinham pais ou avós italianos.* (3)

Desde o período de transição para o trabalho livre - em fins do século XIX - os habitantes da província bandeirante em geral recebiam bem os imigrantes europeus, especialmente os que vieram da Itália. Tal como o povo brasileiro, a gente italiana também falava um idioma latino, eram católicos e não raro mostravam-se expansivos, amáveis e comunicativos, o que propiciou uma integração surpreendentemente acelerada. A despeito desta assimilação facilitada, uma parte considerável da colônia italiana buscava manter seus vínculos com a pátria, preservando suas tradições e cultivando um certo espírito comunitário.

Naturalmente, preferiam residir em bairros onde a maioria era de conterrâneos, como o Bráz, a Moóca, o Bexiga e a Barra-Funda. Reuniam-se em torno de entidades de socorro e cultura: em 1906 já funcionava o Hospital Humberto I e tinham sido criadas 33 associações de beneficência, além de 80 escolas primárias para os filhos de imigrantes. Um ano depois, contavam-

(2) - Trento, Angelo / Do Outro Lado do Atlântico / Nobel / São Paulo / 1988

(3) - Trento, Angelo / Do Outro Lado do Atlântico / Nobel / São Paulo / 1988

NO CONVÍVIO DAS FÁBRICAS, NO COTIDIANO DAS RUAS, NA INTIMIDADE DAS HABITAÇÕES VIZINHAS OU COLETIVAS,

Família Orlando e Família Zanoni, imigrantes italianos de 1893

Padaria de imigrante italiano em São Paulo, 1926

Família Martino, imigrante italiano de 1891

se cinco jornais de circulação diária em língua italiana: *Fanfulla, La Tribuna Italiana, Il Secolo, Avanti e Corriere d'Italia*, além de dez jornais semanários. Proliferavam as canchas de bocha, concorridos pontos de encontro nas horas de folga, e, para a prática do futebol e representação do sentimento da colônia, foram fundados o Palestra Itália (1914) e o Juventus (1924). (4)

Com o trabalho incessante e o espírito alegre, caloroso e musical, os milhares de imigrantes italianos conseguiram abalar a tradição pacata, provinciana e recolhida dos antigos moradores de São Paulo. No convívio das fábricas, no cotidiano das ruas, na intimidade das habitações vizinhas ou coletivas, surgia uma nova forma de vida urbana, bem mais ativa, variada e integradora. Multiplicaram-se rapidamente as relações sociais sob a influência dos hábitos trazidos pelos novos habitantes, sendo que a alteração mais aparente e curiosa se deu no âmbito das comunicações verbais e escritas. Na capital paulista em burburinho quase se forjou um verdadeiro dialeto, composto pela fala portuguesa que foi pontilhada com muitos elementos lexicais do italiano. Tem origem neste fenômeno o conhecido sotaque paulistano - até hoje muito típico e sonoro - um jeito de falar bem distinto de outras regiões do país, cal-

(4) - Trento, Angelo / Do Outro Lado do Atlântico / Nobel / São Paulo / 1988

1900

SURGIA UMA NOVA VIDA URBANA, BEM MAIS ATIVA, VARIADA E INTEGRADORA - A SÃO PAULO ITALIANIZADA

Operários da tecelagem Mariangela (Matarazzo), cerca de 1910

Imigrantes italianos em instalação de adutora em São Paulo, início do século XX

Família de imigrantes italianos, 1930

cado na abundância pronominal, no excesso superlativo e na pronúncia cantada, tudo muito bem encenado por um gestual dramático. Estima-se que os vocábulos emprestados do italiano cheguem ao número de trezentos: palavras como *cantina*, *bandolim*, *maestro* e *serenata* foram adotadas pelo uso comum, porém, o termo mais popularizado e definitivamente integrado ao falar paulistano é o *ciao*, saudação que aqui grafamos *tchau* e utilizamos na despedida informal ou temporária. Alguns escritores e artistas - encantados com o processo de assimilação ou integração social que se operava em São Paulo após a imigração de massa - souberam retratar com precisão e graça aquela excepcional transformação urbana, legando um testemunho que, no conteúdo e na forma, revela todas as nuances culturais desenhadas pela fusão de costumes. Alcântara Machado, nos contos publicados em seu *Braz, Bexiga e Barra Funda*, nos apresenta um quadro pitoresco dos personagens daquele tempo, figuras atraentes e ternas como o *Gaetaninho*. Quanto ao modo simbiótico de falar, o mais saboroso registro foi deixado por Alexandre Marcondes Machado, que criou um personagem típico - *Juò Bananére* - para traduzir em crônicas jornalísticas o cotidiano da cidade.

Prédio principal da Hospedaria de Imigrantes, cerca de 1900

JUÒ BANANÉRE E SUA DIVINA INCRENCA

O chi sodades che io tegno
D'aquilo gustoso tempigno
Ch'io stava o tempo intirigno
Brincando c'oas mulecada.
Che brutta insgugliambaçò
Che troça, che bringadêra
Imbaxo das bananêra,
Na sombra dus bambuzá.

Deitava sempre di notte,
I alivantava cidigno
Uguali d'un passarigno
Allegro i cuntento da vida.
Bibia un caffè ligêro,
Pigava a penna i o tintêro
Iva curreno p'ra scuola.

Inveiz di afazê a licò
Passavo a aula intirigna
Fazéno e giogáno boligna
Ingoppa a gabeza dos ôtro,
O professore gridava,
Mi dava un puxò di oreglio,
I mi butava di gioeglio

[5] - Bananere, J. / La Divina Increnca / Masucci / São Paulo / 1962

Hospedaria de Imigrantes, de 1920

1920
OS COSTUMES ITALIANOS VÃO SE TORNANDO PAULISTAS

Inzima d'un grão di milio. (5)

Os falares e cantares da gente italiana eram a representação mais ruidosa de um processo complexo e silencioso que permeava toda a sociedade paulista. Naquele período de mudanças cruciais, durante uma etapa do desenvolvimento que antecipava a dimensão metropolitana que São Paulo atingiria, os imigrantes italianos foram os agentes históricos mais ativos na conformação da moderna identidade paulistana, auxiliando na consolidação do rompimento com o patriarcalismo escravista, abrindo as novas possibilidades da diversidade urbana e conquistando as oportunidades abertas pela mobilidade social. Os costumes italianos se generalizaram de tal forma que alcançaram o plano dos hábitos mais comuns e naturais – tornaram-se *paulistas* – tão corriqueiros que foram se ocultando nas brumas da tradição, quase perdendo a visibilidade de sua origem. O exemplo mais significativo desse encontro cultural é o que ocorreu com a culinária italiana. Apreciados de imediato e adotados pelas mesas de todas as categorias sociais, alguns pratos italianos foram *nacionalizados* pelo hábito contínuo. Tal como um filho do lugar, há muito que o *macarrão* deixou de ser imigrante, conquistando a terra do *arroz-com-feijão*.

A italianidade pela porta da *cozinha*

"O PRATO ITALIANO VEIO
PARA AS MÃOS DA COZINHEIRA
NATIVA INDEFORMADO E
MANTEVE-SE NA INTEGRIDADE SÁPIDA."

Luís da Câmara Cascudo

Família italiana na Hospedaria de Imigrantes, década de 1930

NO PRINCÍPIO DO SECULO XX, ENTRE OS ITENS IMPORTADOS DA ITÁLIA ATRAVÉS DO PORTO DE SANTOS, JÁ SE

Os habitantes do planalto de Piratininga passaram por todo o período colonial praticamente sem incrementar sua pobre dieta. À base de mandioca e milho, com alguma carne e doce de marmelo, a antiga população paulista mal utilizava os legumes em sua mesa rústica. De modo que foram muitas as novidades introduzidas pelos imigrantes europeus, que sempre procuraram manter – na medida do possível - seus hábitos alimentares, aqui produzindo ou importando os gêneros que compunham suas mais tradicionais receitas. No princípio do século XX, entre os itens importados da Itália através do porto de Santos, já se encontravam os queijos, o azeite, as massas, vinhos, os salames, carnes, frutas e legumes em conserva. (6) Posteriormente, com o processo de industrialização e crescente acesso dos colonos italianos à terra, a maioria dos gêneros alimentícios passou a ser produzida na capital e no interior paulista, o que não interrompeu a importação dos itens mais requintados como alguns queijos, *o funghi*, azeite e vinho. O alto consumo dos ingredientes da culinária italiana demonstrou que a colônia, muito além de manter seu costume alimentar, expandiu francamente por outros setores da população paulista o gosto pelas massas de farinha de trigo e molhos diversos.

(6) - Hutter, Lucy Maffei / Imigração Italiana em São Paulo / IEB-USP / São Paulo / 1986

1900

ENCONTRAVAM OS QUEIJOS, O AZEITE, AS MASSAS, VINHOS, OS SALAMES, CARNES, FRUTAS E LEGUMES EM CONSERVA

Essa vulgarização do cardápio italiano entre os habitantes nativos, secularmente acomodados a uma dieta quase deplorável, ocorreu de forma surpreendente: o macarrão passou a figurar nas mesas senhoriais dos fazendeiros de café, nas refeições das camadas médias emergentes, assim como complementava as marmitas dos operários nas cidades. Ao interpretar os efeitos dessa mudança alimentar, o mestre Câmara Cascudo, dedicado cronista da alimentação no Brasil, não deixa por menos: afirma que os italianos *impuseram sua alimentação aos brasileiros*. Agradando tanto os paladares mais refinados quanto os apetites mais populares, quase numa aceitação natural, a comida italiana também contaria com uma boa vantagem: a padronização de seus ingredientes básicos, idênticos para todos. Assim, *com um bom ou pobre molho, "spaghetti" é sempre "spaghetti"*. [7]

A INFLUÊNCIA ITALIANA NA COZINHA BRASILEIRA, por Câmara Cascudo

Ninguém modificou o acepipe italiano que se infiltrou pela população de todas as paragens, em todas as classes, em todas as economias aquisitivas. Apenas a massa, a "pasta italiana", "pastasciutta",

[7] - Cascudo, Luís da Câmara / História da Alimentação no Brasil / Global / São Paulo / 2004

Hospedaria de Imigrantes, São Paulo, 1910

Estabelecimento comercial de Imigrantes italianos, São Paulo, 1922

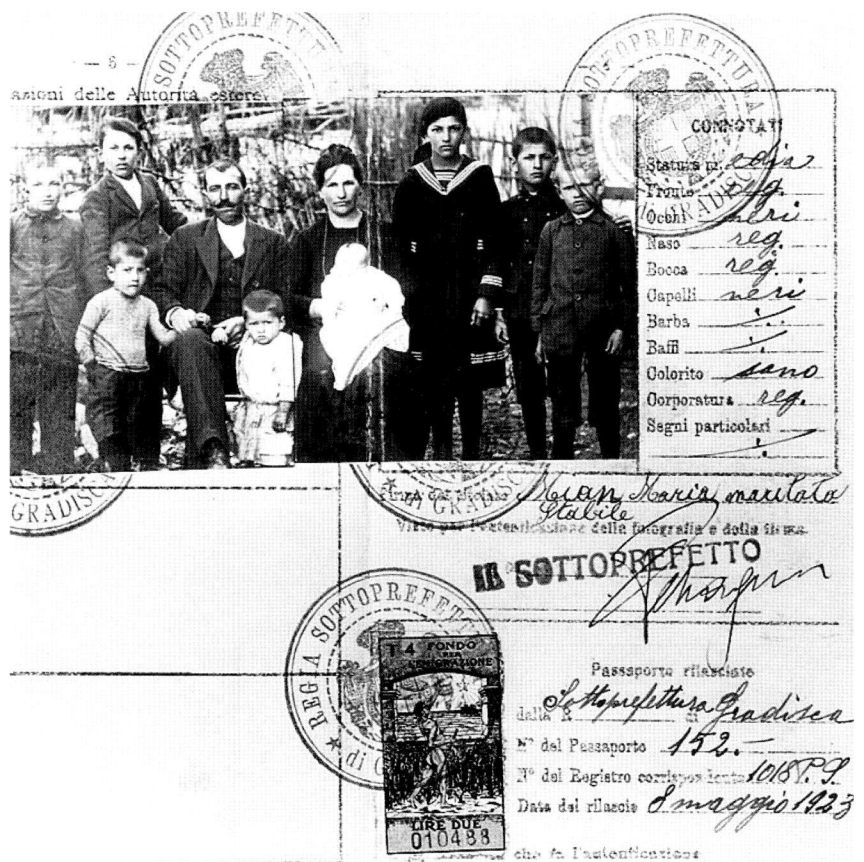
Passaporte de Família Italiana, Itália, 1923

1910

A ITALIANIDADE É O CONJUNTO DE CONTRIBUIÇÕES CULTURAIS QUE TRAÇOU AS FORMAS DO PERFIL PAULISTANO

constituindo uma iguaria no Brasil, é um conduto. Na Itália, o macarrão é uma refeição. No Brasil, concorre com a farofa, arroz, feijão, acompanhando carne ou peixe. É um colaborador saboroso, mas não um elemento autônomo e suficiente.

Divulgaram o sorvete, "sorbetto", modificado em sua fórmula oriental, transformado num delicioso doce gelado. Francioni foi uma glória nas festas cariocas, fornecedor de doces, confeitos, gulodices no plano do "vient de paraître". Creio ainda uma influência italiana a valorização do queijo, adicionado a todos os pratos de massa. Para o português, que nos trouxe o queijo, especialmente o de cabra, mas também a fabricação geral, constitui acepipe independente, sem que careça do auxílio de outra espécie. Essa presença do queijo ralado em doces, sopas, massas de farinha de trigo, não é portuguesa, e não podia ter vindo de indígenas e negros africanos, desconhecedores do queijo. Até prova expressa em contrário, devemo-la ao italiano. [8]

A ITALIANIDADE - esse conjunto de contribuições culturais que traçaram as mais sedutoras formas do perfil paulistano - certamente tem na culinária um componente decisivo. A *mamma* e a *nonna*, a mulher italiana avulta como personagem principal nesse enredo apetitoso de sabores e aromas. *Os homens aproveitavam a folga dos domingos para ir jogar bocha com os filhos mais velhos, enquanto a mamma ficava em casa, fazendo a característica macarronada, acompanhada de bife à milanesa e salada. Comia-se também a ghimirella, carne de*

[8] - Cascudo, Luís da Câmara / História da Alimentação no Brasil / Global / São Paulo / 2004

1920
A MACARRONADA SE TRANSFORMOU NO PRATO SIMBÓLICO DA REUNIÃO DE FAMÍLIA, UM MARCO DOMINGUEIRO

carneiro tostada, e pizza. No Natal e na Páscoa, não podiam faltar os capelletti in brodo e o frango alla cacciatora ou infarinatto e frito. (9) Foi, portanto, pela porta da cozinha - através das generosas mãos femininas - que fluiu a mais constante incidência da italianidade em São Paulo. Da simplicidade nas cozinhas familiares, do encantamento nas cantinas acolhedoras, surgiam as massas, minestras, risotos, polpetones e doces que conquistariam os paladares mais reticentes e os hábitos mais arraigados. A macarronada se transformou num prato simbólico da reunião de família, evocação do carinho maternal, um verdadeiro marco domingueiro.

Como se não bastasse o consumo semanal de macarrão, os paulistanos de todas as camadas sociais, residentes tanto nos bairros nobres quanto na periferia empobrecida, adotaram a pizza como refeição noturna ou petisco ao longo do dia. Calcula-se que atualmente existam em São Paulo cerca de 5.000 pizzarias! De origem napolitana, a pizza é uma comida de preparo prático que pode atender ao lanche ou jantar, facilmente embalada e transportada por longos trechos sem muito comprometimento de consistência e sabor.

Ultrapassando os limites da simples necessidade nutricional, a pizza hoje é considerada uma espécie de instituição paulistana: é dividida pelas famílias, reúne os amigos, empolga as conversas e alegra as comemorações. Epílogo gastronômico dos programas culturais, refeição festiva que encerra projetos e procedimentos, a pizza costuma ser o *gran finale* dos acontecimentos sociais. Muito provavelmente, o dito popular de que as coisas sempre *acabam em pizza* é consequência desse hábito tipicamente paulista, que transformou a criação napolitana numa representação da cordialidade comunitária. É bem verdade que o dito sobre a pizza derivou para um uso pejorativo, no sentido de que " acabar em pizza " é um desfecho satisfatório para os privilegiados, que concilia e

(9) - Nosso Século / Abril / São Paulo / 1980 / vol. I

absolve, que dilui conflitos e acomoda interesses. Ainda assim, a simbologia paulista da pizza não sai arranhada com esse rótulo do "jeitinho" - pelo contrário, tal desvirtuamento reforça a idéia de que ela realmente se elevou à condição de prato mediador no cerimonial da amizade.

A cidade de São Paulo conta atualmente com seis milhões de descendentes de italianos, todos filhos da imigração, herdeiros da travessia. O dramático fenômeno da transmigração e o intrincado processo de assimilação já estão devidamente alojados na dimensão do passado, mas os netos e bisnetos daqueles pioneiros imigrantes continuam vivendo na metrópole que seus antepassados, a duras penas, ajudaram a construir. A primeira geração ítalo-brasileira criou famílias, edificou casas e prédios, montou lojas e fábricas, sem deixar de erguer seus monumentos de tradição cultural. A italianidade ainda se projeta por toda a cidade, levada por seu mais saboroso conduto: a alimentação.

Menino napolitano correndo na rua

COOPERATIVA DE CRÉDITO POPULAR DA
CAPITAL BANDEIRANTE SOC. DE RESP. LTDA.
Rua José Bonifácio, 24 - 5º and. - Tels. 32-7623 - 37-2650 - 37-6619 PBX - São Paulo
Pague por êste cheque
ou à sua ordem a quantia de
São Paulo,
NCr$ 1,00
SANTOS
NAPOLI
TERZA CLASSE

RZA CLA
NIA
1936
PERNAMBUCO - BA
nprese le fermate
EIRA NACIONAL DE HABILITAÇÃO
XPEDIDA PELA DIRETORIA DO SERVIÇO DE TRÂNSITO
DO ESTADO DE SÃO PAULO
Prontuário N.o 20.25
1A. VIA
Naturalidade NAPOLES
Estado civil CASADO
Cart. de identidade N.o 411.680
Exame prestado em 28 de MAIO de
AMADOR S/107.
SCO BUONERBA.-
ANA
NHO de 1900
Cabelos CASTS.
EIS DE PASSAGEIROS
OBSERVAÇÕES
São Paulo, 20 de DEZEMBRO de
Assinatúra da Autoridade que expede a ca
Associazione culturale
Ente Fiera Antiquaria Napoletana
1996
I passegg
Tassa emi
Tassa spe

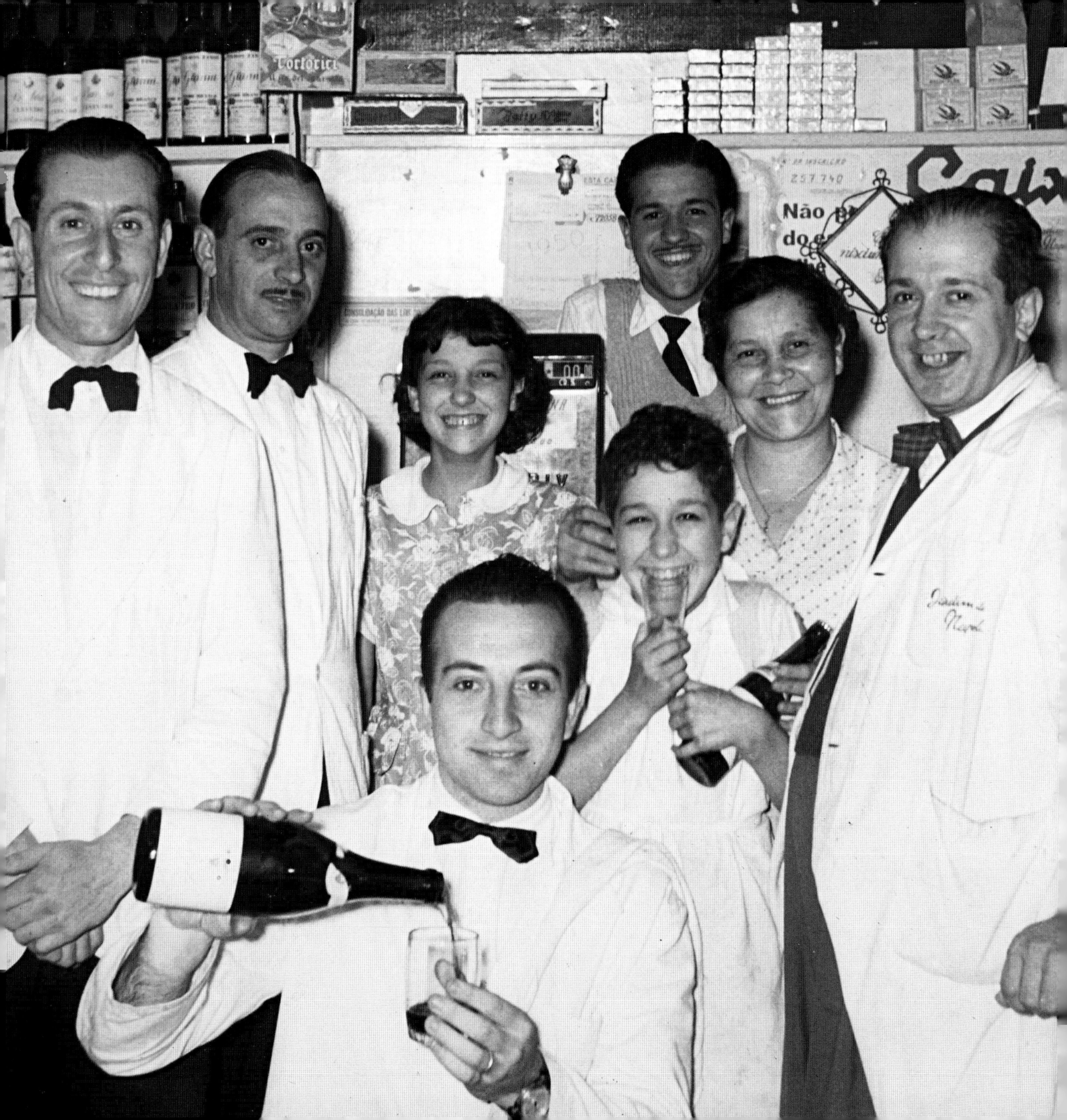
Tortorici
Não

Uma cantina, muitas *histórias*

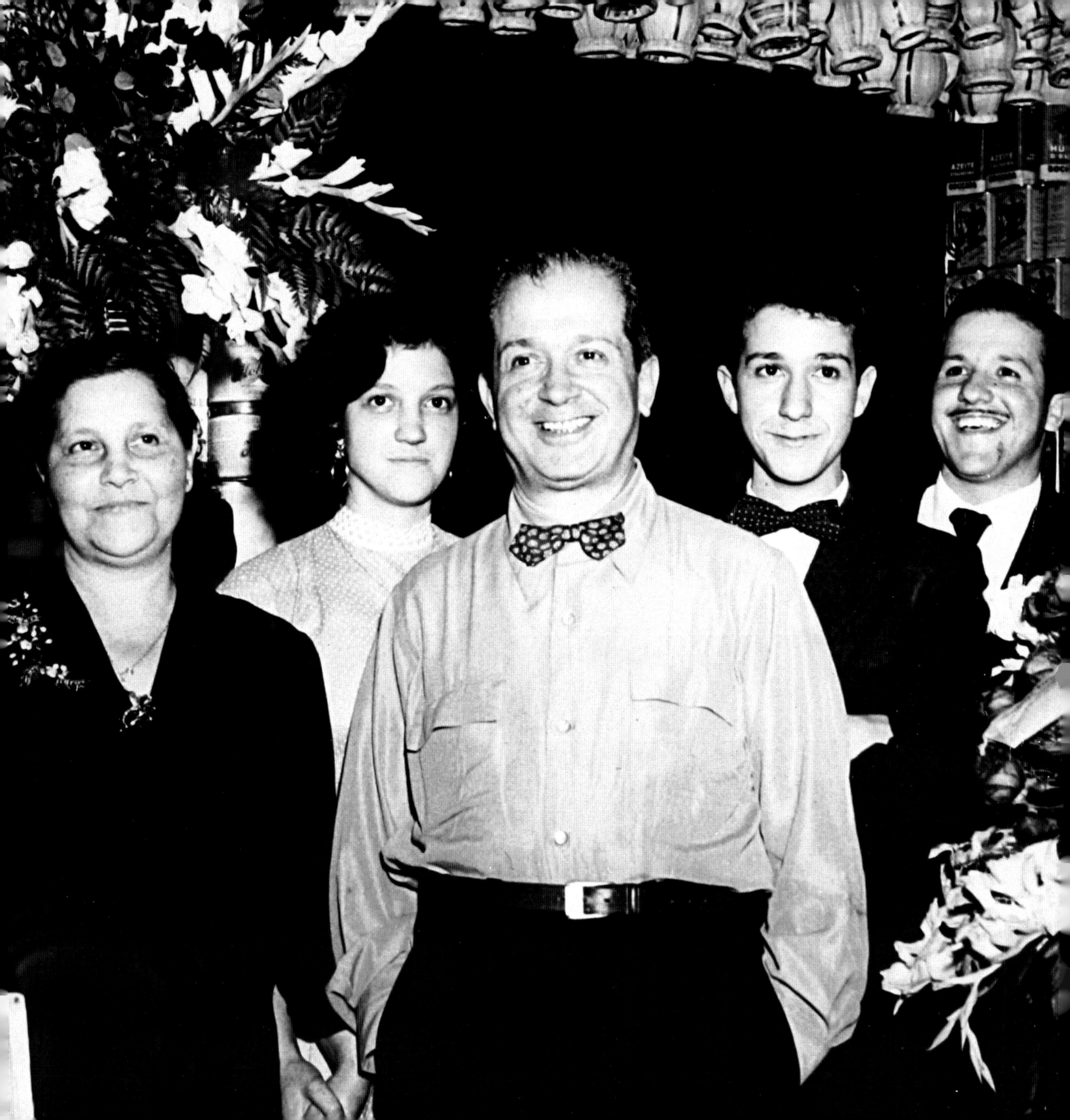

Sou filho de napolitanos, mas São Paulo é a minha terra natal, o meu lugar. Vivo como tantos outros milhões de ítalo-brasileiros, meio dividido entre a filiação com a Itália e a afeição com o Brasil, numa dualidade que não chega a ser tão dramática quanto foi a adaptação dos imigrantes, afinal sou um paulistano e posso transitar da brasilidade para a italianidade a cada esquina dessa cidade de formação pluralista. Na verdade, é tão grande essa metrópole que acabei passando meus primeiros anos de vida sem descobrir bem minha terra e sua diversidade. Nasci em 1939, numa casa simples da rua Teixeira de Carvalho, no bairro do Cambuci, onde a vizinhança era em tudo muito semelhante à minha família, de modo que, durante toda a primeira infância, eu pensava que o mundo inteiro era italiano! Brincando na rua com as outras crianças, jogando bola, empinando pipa e rodando pião, eu mal prestava atenção no que estava além daquele pequeno território povoado de oriundi, pessoas muito parecidas no jeito de ser, gente que trabalhava nas fábricas e oficinas, comerciantes e vendedores ambulantes, todos imigrantes remediados que lutavam pela sobrevivência. Ainda me lembro de ver passar a carroça do padeiro, o carroção do batateiro e a carrocinha do sorveteiro: *survetinho, survetón, survetinho de limón; quem não tem dez tostón não toma survete!*

Relato de ANTONIO BUONERBA

1926 - COMEÇA A GRANDE AVENTURA DE FRANCESCO BUONERBA, EMBARCANDO NO

MEU PAI - Francesco Buonerba – era marceneiro; minha mãe – Maria Prezioso – cuidava da casa; éramos três irmãos: Salvador, Giovana e eu, Antonio. A oficina paterna estava montada num barracão do nosso quintal e era bem equipada; nosso pai fazia móveis e peças decorativas com entalhes e requintes, mas esse tipo de mobília artesanal foi caindo em desuso, atropelada pela industrialização. Foi, então, que veio a idéia da pizza. Minha mãe preparava a massa, esparramada com as mãos, que era regada com um delicioso molho de tomate, recheada com mozzarella de primeira qualidade e levada ao forno.

As pizzas eram vendidas ali mesmo no barracão da marcenaria, que recebeu algumas mesas e bancos. Apesar da improvisação, aquela pizza dos Buonerba fez sucesso nas imediações, atraindo uma freguesia popular e pessoas de certa importância que "descobriram" aquela cantina de fundo-de-quintal, como os Assis Pacheco, os Lancelotti, os Nadir Figueiredo e os Galliotti. Nessa época eu tinha apenas nove anos de idade, mas me recordo perfeitamente das entregas de pizzas que eu fazia para as

1926

PORTO DE NÁPOLES PARA O BRASIL. SOMENTE QUATRO ANOS DEPOIS CONSEGUIU TRAZER O RESTANTE DA FAMÍLIA

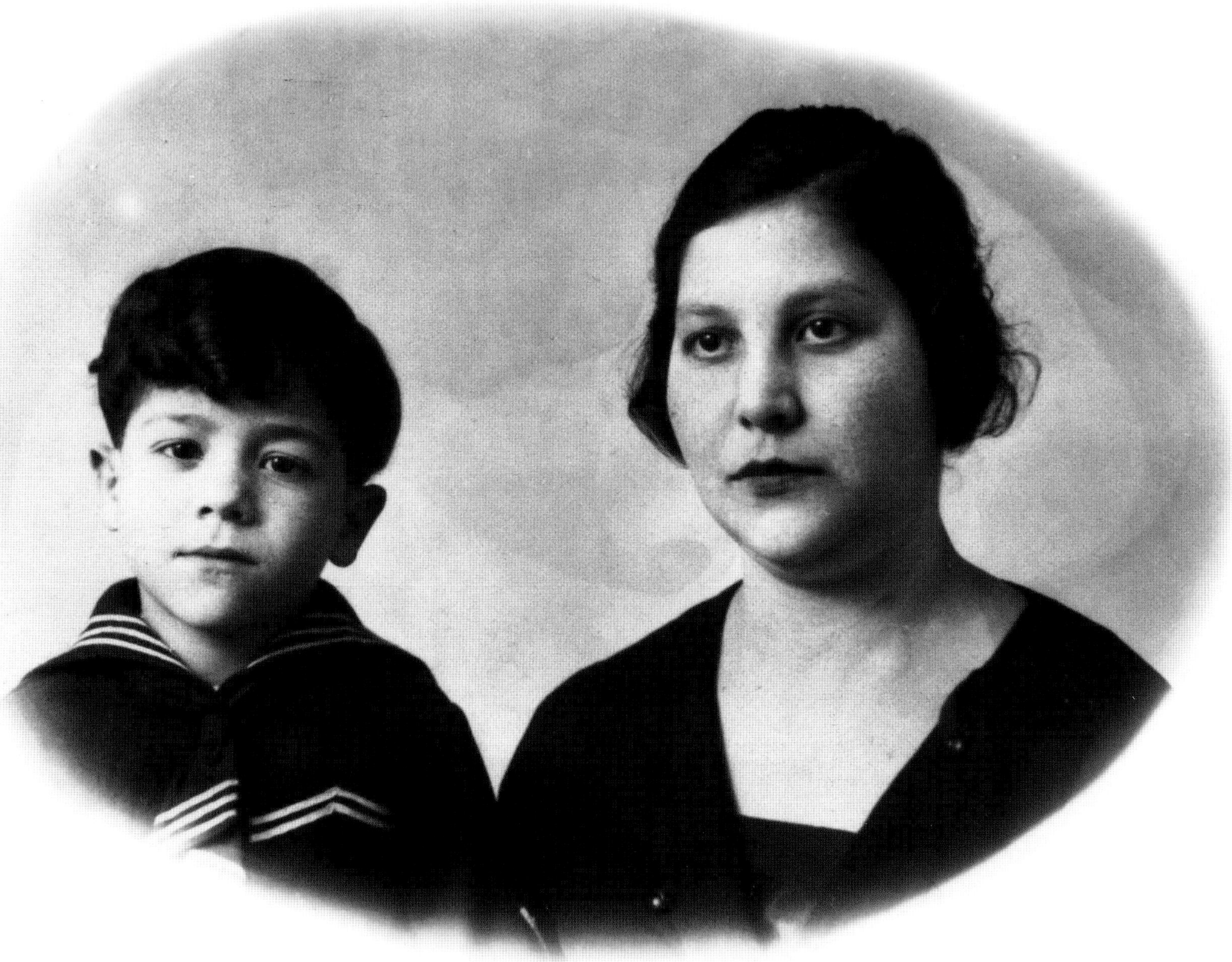

casas da redondeza. Um desses vizinhos, muito amigo de meu pai, chamava-se Alfredo Volpi e a ele entreguei muita pizza; só mais tarde vim a saber que se tratava do célebre pintor ítalo-brasileiro.

É provável que a solução de fazer pizzas para complementar o orçamento familiar foi inspirada em alguma etapa da experiência anterior de meus pais. Minha mãe, por coincidência, morava em Nápoles no mesmo prédio de uma tradicional pizzaria, a *Gorizzia*, que até hoje funciona no n. 25 da *Via Bernini*, na colina do *Vomero*. Por outro lado, já aqui em São Paulo, quando meu pai se hospedou numa pensão do Bexiga, ali conheceu um famoso pizzaiolo, de nome Archângelo, que trabalhava na cantina Giordano, e teria sido com esse compatriota que o papai aprendeu os macetes para se fazer uma bela pizza.

Quando meu pai pensou em deixar a marcenaria e tentar o ramo da alimentação, já duas décadas tinham se passado desde a sua chegada no Brasil. Ele veio pela primeira vez em 1926, ainda solteiro. Procurando oportunidades de trabalho, foi morar numa pensão e encontrava serviços eventuais. Quatro anos mais tarde voltou a Nápoles para se casar com minha mãe e retornou, outra vez sozinho, para São Paulo. Esse vai-e-vem não era incomum entre os imigrantes, pois convinha que ajeitassem bem as coisas, conseguindo moradia e trabalho estáveis antes de trazer a família. A *mamma* Maria Prezioso só embarcou para o Brasil em 1930, com meu irmão mais velho – Salvatore – que já contava seis anos de idade. Foram, portanto, muitos anos de trabalho e dificuldades até que meus pais conseguissem o pecúlio necessário para montar uma cantina de verdade. No dia 28 de fevereiro de 1949 nascia a Cantina e Pizzeria Jardim de Napoli, instalada no n. 194 da rua Maria Paula. O nome de batismo da nossa cantina foi acordado entre os membros da família; deveria ser *Giardino di Napoli*, mas foi abrasileirado. O papai, o *Don Ciccio* como era conhecido, aproveitando as habilidades de seu ofício, construiu todos os móveis do novo restaurante: mesas, cadeiras e prateleiras. Os utensílios eram cuidados pela mamma, inclusive as toalhas, todas quadriculadas no padrão verde e branco, uma marca visual que utilizamos até hoje.

A pizza continuava a ser o prato principal, porém o cardápio foi enriquecido por outras massas e carnes; *Don Ciccio* também fazia questão de dispor sempre um bom estoque de queijos e vinhos, todos importados. Na rua Maria Paula, um local mais central e privilegiado naquele tempo, a clientela cresceu muito e o negócio deu certo. Embora eu ainda estivesse chegando na adolescência, participei ativamente dos trabalhos nessa primeira cantina, inclusive como aprendiz de pizzaiolo e garçon, conhecendo pouco a pouco as características da culinária italiana e as peculiaridades do ramo gastronômico. Esta experiência precoce me foi de grande utilidade quando, anos mais tarde, tive que assumir os negócios da família. Observando o trabalho incessante dos meus pais e acompanhando meus irmãos em seus afazeres, cresci ao mesmo tempo em que a Jardim de Napoli se firmava como uma casa napolitana apreciada e recomendada. Lembro que começamos a receber personalidades de destaque: os Matarazzo, Adhemar de Barros, Procópio e Bibi Ferrreira; aparecem também os artistas da TV Excelsior: Sílvio Mazzuca, Carlos Manga, Boni, Ferreira Neto, Sílvio Luiz. É dessa época que vem a minha amizade com o famoso Boni da TV Globo, um companheiro inesquecível que, muitos anos mais tarde, me presenteou com uma enorme máquina de massas, equipamento que ele não utilizava mais em um de seus negócios no Rio de Janeiro; essa máquina me foi de grande valia quando se expandiu o atendimento da nossa cantina.

Acompanhando tantos outros pequenos empreendimentos, a nossa Cantina Jardim de Napoli atravessou os anos 50 e 60 no ritmo do otimismo que embalava São Paulo. De certo modo, ao servirmos as pizzas e massas, num ambiente acolhedor com muita música e alegria, representávamos um pedacinho da italianidade paulistana. Reconheço, sem modéstia, que a qualidade de nosso cardápio era o principal fator de sucesso comercial, porém é preciso registrar que a simples presença de meu pai transformava aquela pizzaria numa legítima casa napolitana que encantava a clientela. Ele não só recebia bem os fregueses, mas fazia amigos, muitos amigos. Amava a música e o teatro, era um romântico incurável. Às vezes me dava a impressão de que algumas pessoas só nos visitavam para poder conversar um pouco com aquele italiano de gravata borboleta. *Don Ciccio* tinha carisma! Hoje, quando volto os olhos para esse tempo saudoso, tenho quase a certeza de que meu pai viveu os seus melhores dias naquele primeiro endereço do Jardim de Napoli.

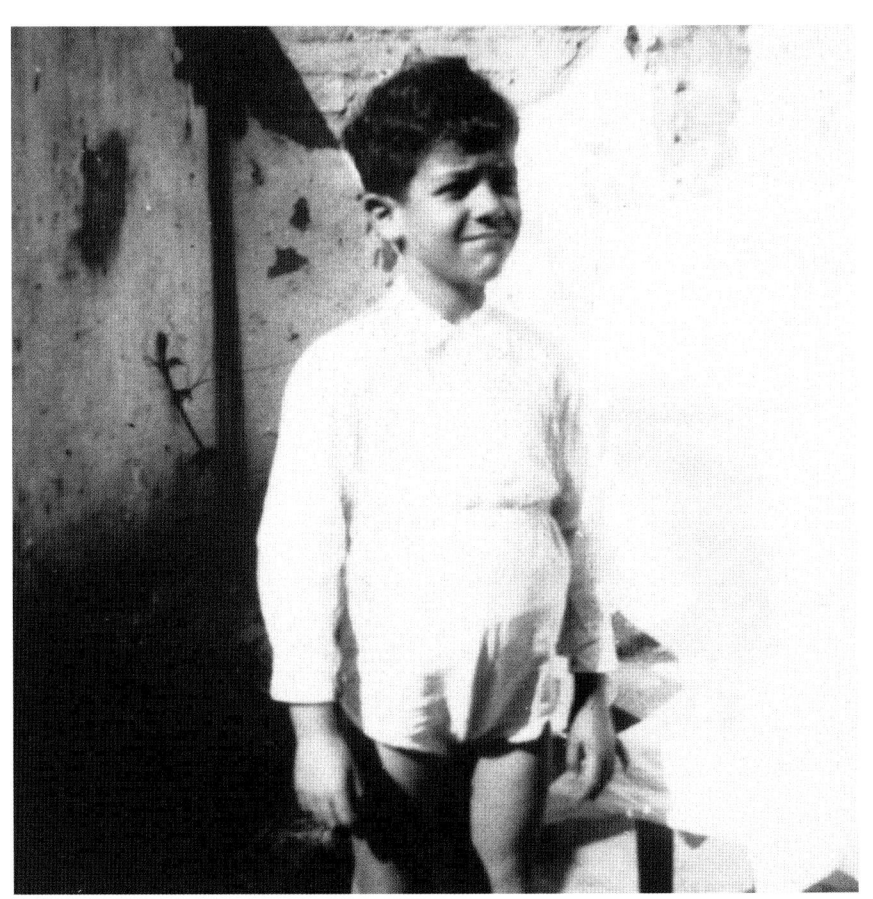

Francesco Buonerba tinha, enfim, realizado seus sonhos: ao lado da esposa, com os filhos crescidos, podia colher as recompesas por tantos anos de trabalho, dedicação e honestidade. Chegou até mesmo a comprar uma boa casa para nossa família, na rua da Assembléia, nos Arcos do Bexiga, o que significou o verdadeiro coroamento de todos os seus esforços.

Nas instalações da rua Maria Paula, sempre mantendo a mesma simplicidade, o Jardim de Napoli consolidava a cada ano sua posição destacada entre as cantinas de São Paulo, mas a cidade foi se transformando e começamos a pensar na possibilidade de um novo endereço, mais retirado da área central. Em fins dos anos 60 meu pai, infelizmente, ficou adoentado; meu irmão mais velho, Salvador, tendia para interesses em outros ramos de negócios, de modo que procurei pôr em prática um projeto de mudança para a cantina. Depois de algumas avaliações urbanas, encontrei em Higienópolis, na rua Martinico Prado nº 463, uma casa que tinha tudo para abrigar

1949
NASCE A CANTINA JARDIM DE NAPOLI NUMA MODESTA INSTALAÇÃO NA RUA MARIA PAULA

o Jardim de Napoli, e para lá transferi ousadamente aquela velha cantina com a qual a clientela já se acostumara. Os primeiros tempos no novo endereço não foram nada fáceis. Houve dia em que servimos apenas uma refeição! Mas não desanimamos, inspirados no exemplo do velho *Don Ciccio*. Devo aqui fazer um parêntese para um merecido agradecimento, uma homenagem que preciso prestar a duas pessoas que estiveram comigo desde a época da rua Maria Paula, que muito se dedicaram para que o Jardim de Napoli conseguisse suplantar as dificuldades nas novas instalações. Meu agradecimento tem que ser público a esse meu grande amigo Adolfo Scardovelli Neto, bem como à sua mãe, D. Leonor Scardovelli. Desde a primeira cantina, D. Leonor trabalhou incansavelmente nos afazeres da cozinha e Adolfo, meu fiel escudeiro, que gerenciou o atendimento por todos esses anos, com um empenho louvável e inesquecível.

Inauguramos a nova Jardim de Napoli, na rua Martinico Prado, no dia 4 de janeiro de 1968. Durante essa transição, praticamente me senti como meu pai, a montar prateleiras, a ajeitar utensílios, pondo a mão na massa. Aos poucos nossa antiga clientela foi "reencontrando" a mesma casa napolitana, afinal nosso espírito continuava inalterado, sem perder a simplicidade. Para nossa sorte, também os artistas e personalidades continuaram a nos brindar com suas presenças; tínhamos mesmo um *Livro de Ouro* onde arquivamos os autógrafos e impressões de nossos mais ilustres visitantes. Em quase todos esses amáveis registros o Jardim de Napoli é reconhecido como um ambiente de simplicidade familiar, um recanto da Itália, um reduto de amizade e simpatia.

Apesar dos contratempos de ordem familiar, especialmente o falecimento de meu pai, a Cantina Jardim de Napoli prosseguiu em sua trajetória de bons serviços na área gastronômica, sendo que nas

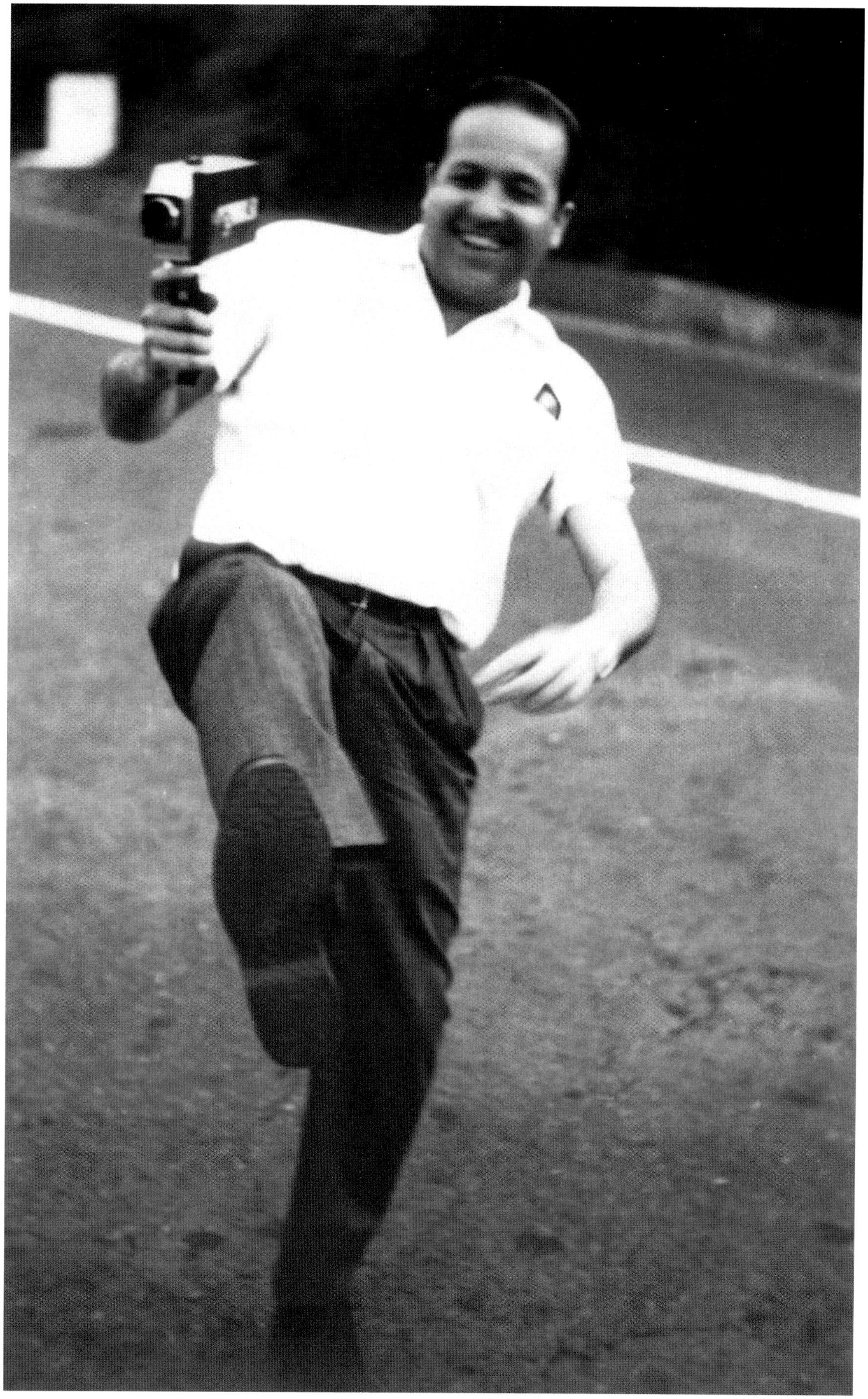

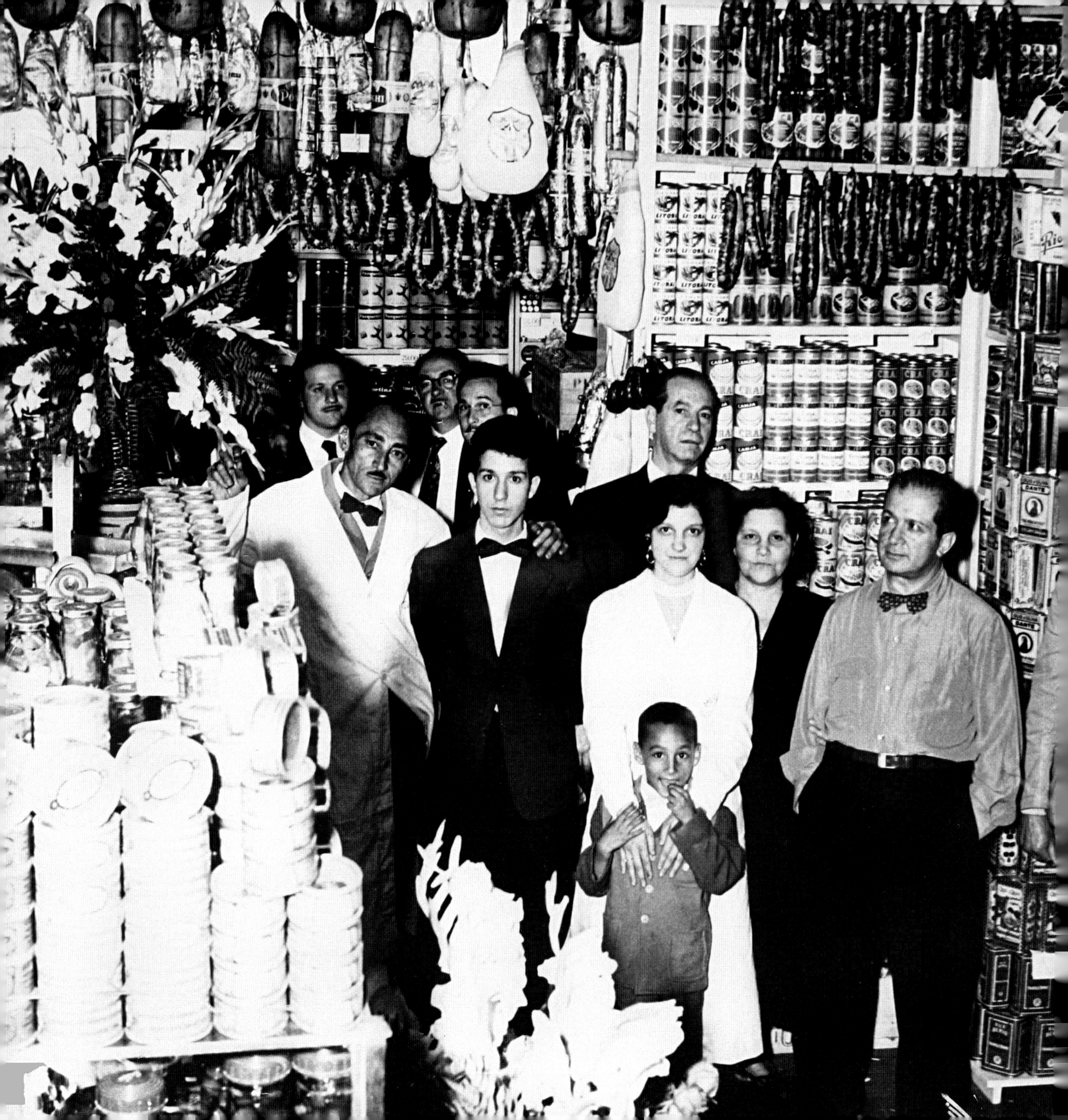

"Livro de Ouro" da Cantina Jardim de Napoli

novas instalações ganhou fama um prato que era um verdadeiro segredo de família: o polpetone. O sucesso começou quando eu menos esperava: o conceituado jornalista Giba Um publicou uma reportagem intitulada *Picanha X Polpetone*, onde elogiava a excelência do polpetone que servíamos. Pouco mais tarde, o meu velho amigo, também jornalista, Sílvio Lancellotti passou a reportar em seus artigos e programas a nossa qualidade em culinária italiana, com destaque mais uma vez para o polpetone. E o nosso simples bolo de carne acabou sendo elevado à posição honrosa de melhor polpetone de São Paulo!

Hoje em dia, além de nossa tradicional base na rua Martinico Prado, temos um ponto de venda no Shopping Higienópolis e uma grande unidade agrícola que fornece quase todos os produtos que utilizamos em nossas receitas. A Cantina Jardim de Napoli, por conta do sucesso que obteve durante este mais de meio século, acabou se transformando numa empresa de porte razoável, mas ainda cultiva o seu estilo familiar e informal, ainda é uma casa paulistana. Cabe agora à terceira geração dos Buonerba, meus filhos Francisco e Ana, a missão de prosseguir cuidando da semente plantada por *Don Ciccio*.

Uma Cantina, Muitas Histórias

No começo, a frequência foi pequena na cantina da rua Martinico Prado. Houve dia que apenas um cliente foi servido. Toninho já vinha desenvolvendo o seu famoso polpetone desde os tempos da rua Maria Paula. A coisa começou porque ele achou que precisava aproveitar as pontas dos filés, uma carne nobre que não podia ser descartada. Passou a moer essas pontas para fazer os polpetones. Posteriormente, agregou outros cortes de carne para alcançar melhor consistência, até que chegou à fórmula ideal do polpetone que ficou conhecido em toda a cidade e até no restante do país.

BERTOLLI
CHIANTI ROSSO
48 x LITRO
BERTOLLI
CHIANTI ROSSO
12 LITRI
BERTOLLI
CHIANTI ROSSO

A CANTINA JARDIM DE NAPOLI ATRAVESSOU OS ANOS 50 E 60 NO RITMO DO OTIMISMO QUE

Uma Cantina
Muitas Histórias

D. Maria Prezioso nasceu em Nápoles, na Colina do Vômero, e morava na rua Bernini, 25, no mesmo prédio onde já estava instalada a famosa cantina Corizzia, que existe até hoje. Sua família era de chapeleiros e faziam chapéus femininos muito sofisticados. Em São Paulo, dedicava-se aos cuidados com a família e trabalhava na cozinha da cantina. Era bondosa, muito emotiva e religiosa, una vera napolitana.

1960

EMBALAVA SÃO PAULO. JOVENS E ADULTOS, FAMÍLIAS INTEIRAS DESFRUTAVAM O AMBIENTE ACOLHEDOR DA CANTINA

CASTANHAS, NOZES, FIGOS,
AMENDOAS, AVELANS.
VINHOS E ESPUMANTES

VENEZIA
CATARI

SPARAFUCILE
Telefones
MA

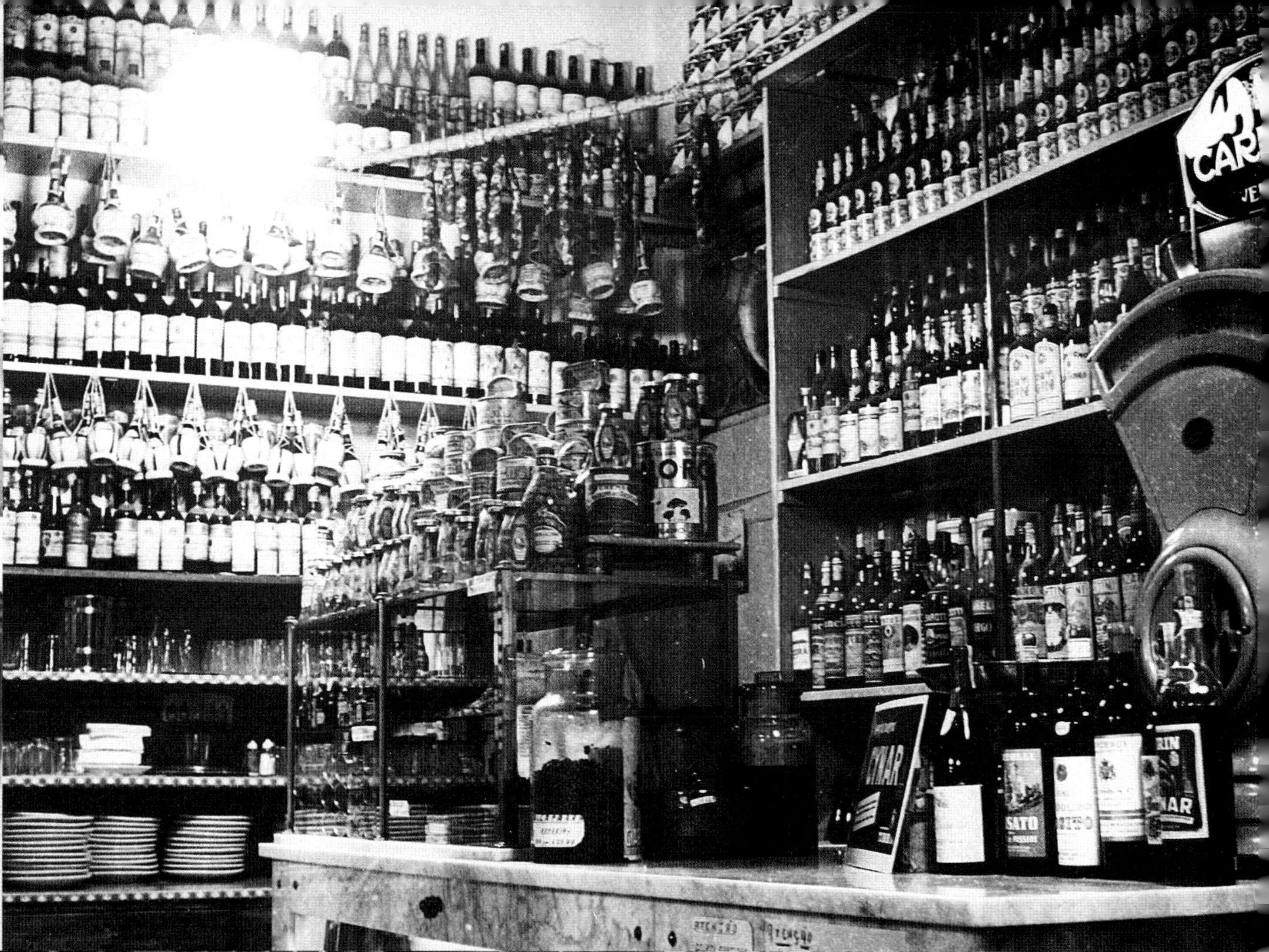
CYNAR

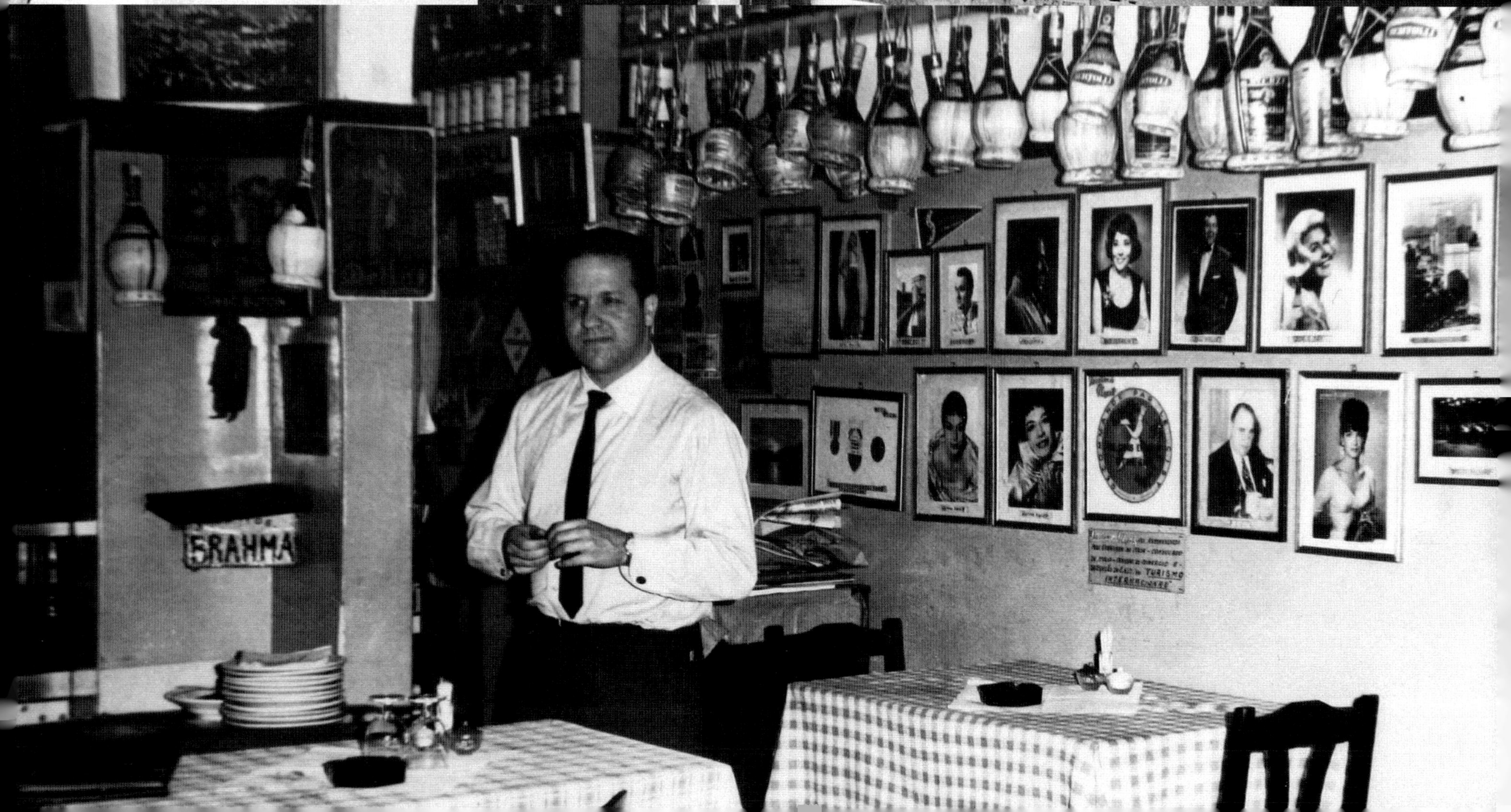
BRAHMA

EM 1968, A CANTINA E PIZZERIA JARDIM DE NAPOLI MUDA PARA O BAIRRO DE HIGIENÓPOLIS, ONDE SE

1968

ENCONTRA ATÉ HOJE. NO NOVO ENDEREÇO, O ESFORÇO PARA MANTER A MESMA QUALIDADE DA CASA NAPOLITANA

Uma Cantina Muitas Histórias

Alegre e brincalhão, Toninho Buonerba desde cedo revelou esse perfil cordial e descontraído, embora tivesse tarefas a cumprir durante a infância. Aos 9 anos de idade, de calça curta e suspensório, fazia entregas de pizza na vizinhança do Cambuci. Aos 11 anos, já na cantina da rua Maria Paula, trabalhava como pizzaiolo. O forno ficava num plano inferior, no quintal, e as pizzas tinham que ser levadas por uma escadinha. Várias vezes o franzino Toninho caiu da escada com pizza e tudo. Depois, improvisaram um elevador de corda.

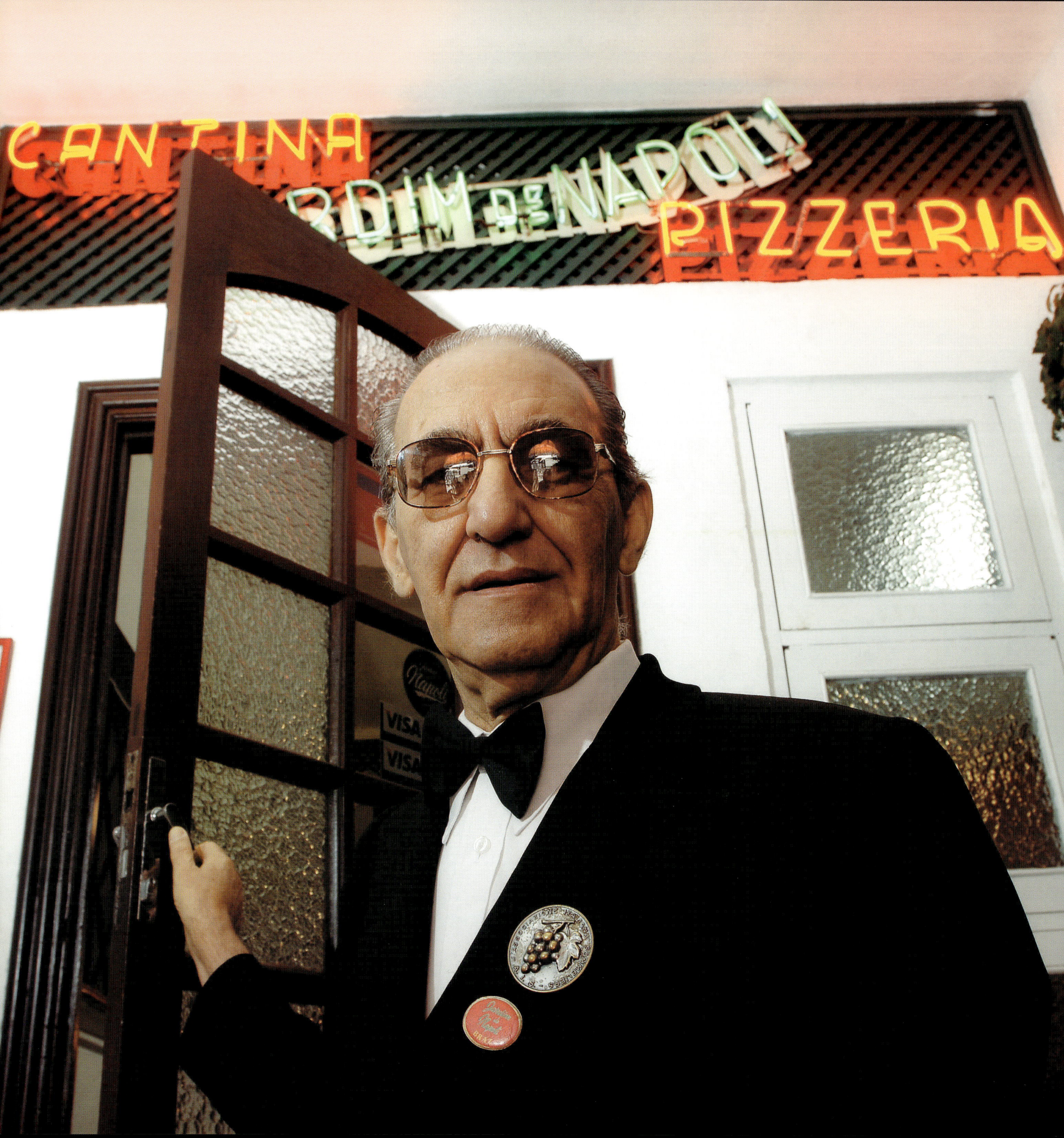
CANTINA
PIZZERIA
VISA
VISA

1970

FRANCESCO BUONERBA REALIZOU SEUS SONHOS, FORMANDO FAMÍLIA E CONSOLIDANDO O JARDIM DE NAPOLI

Uma Cantina
Muitas Histórias

Em Nápoles foi inventada a pizza. O homem do povo está habituado a comer uma refeição quente somente à noite, quando volta para casa. Por volta do meio-dia, tem o problema de enganar o estômago e fazer crer que se trata de um almoço: compra uma pizza.
(Crescenzo, Luciano de - La Napoli di Bella Vista - Arnoldo Mondadori Editore / Milano / 1994)

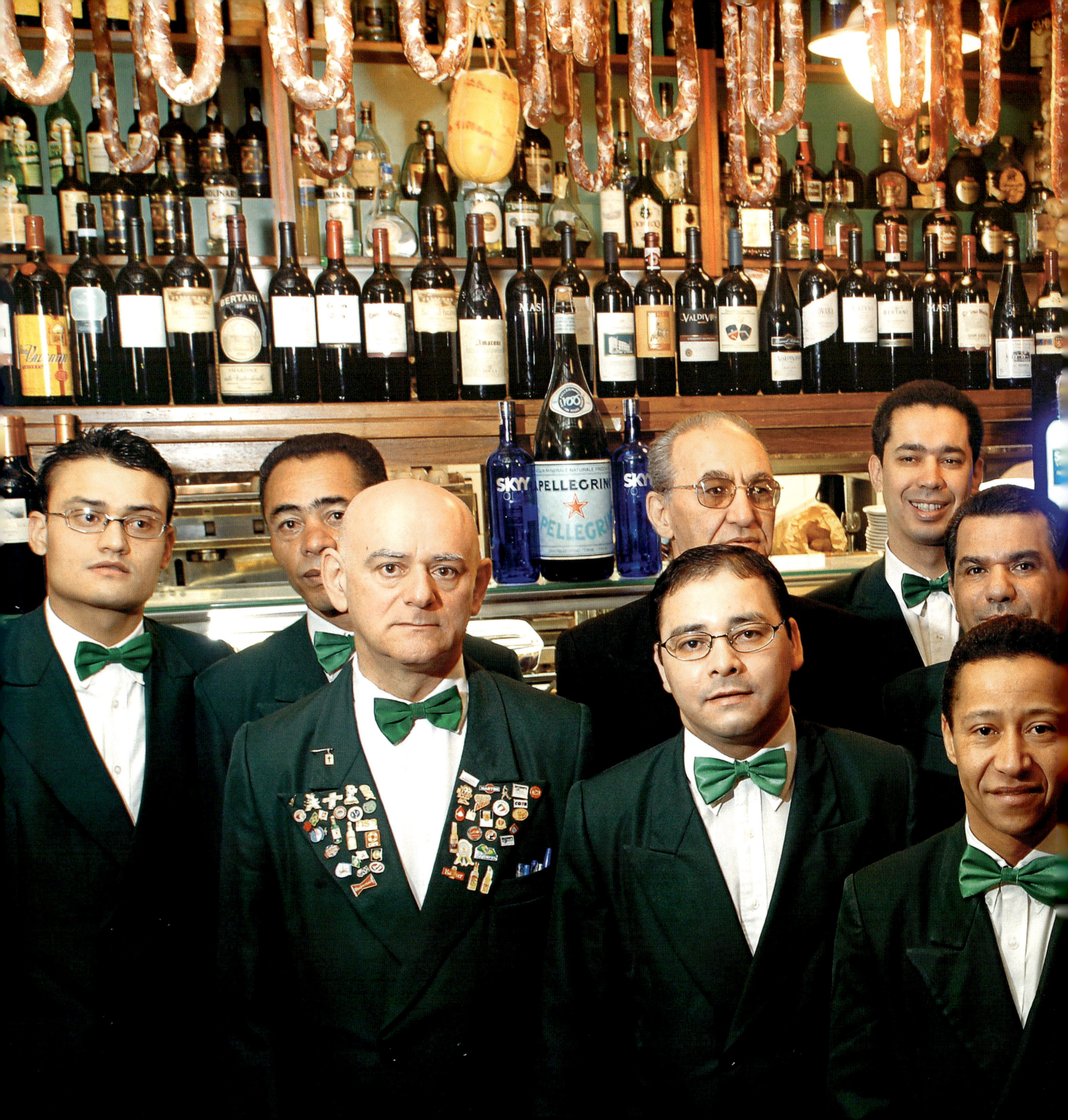
BERTANI
MASI
SKYY
SKYY

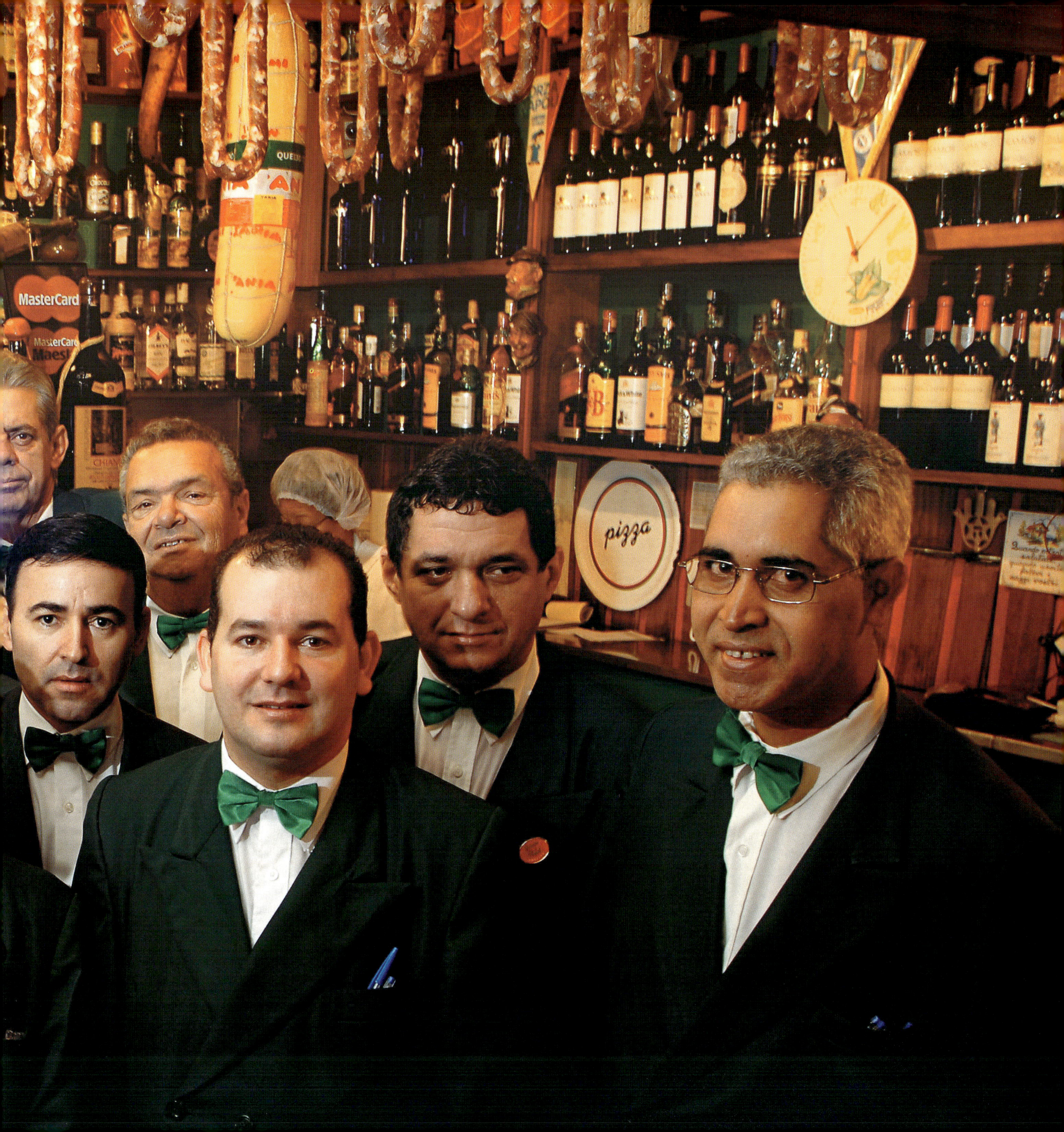
MasterCard
pizza

TRABALHAR, SEM NUNCA DESANIMAR. ESTE FOI O MAIOR EXEMPLO DE DON CICCIO

1975

Uma Cantina
Muitas Histórias

Além da Cantina, o imigrante Francesco Buonerba passou por outros ramos de negócio. Marceneiro de profissão, teve uma loja que vendia abajours, na rua da Glória, chamada Abajurlândia. Abriu, também, uma mercearia no bairro da Pompéia, chamada Augustus Comestíveis Finos, onde mantinha um sortido estoque de produtos importados, especialmente da Itália.

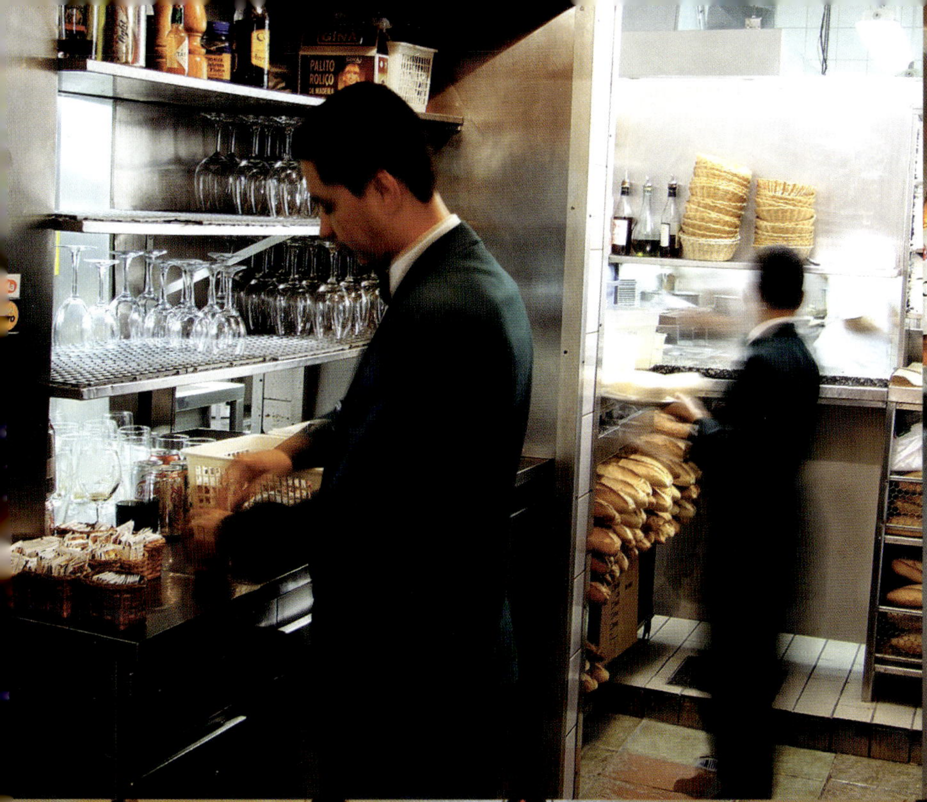
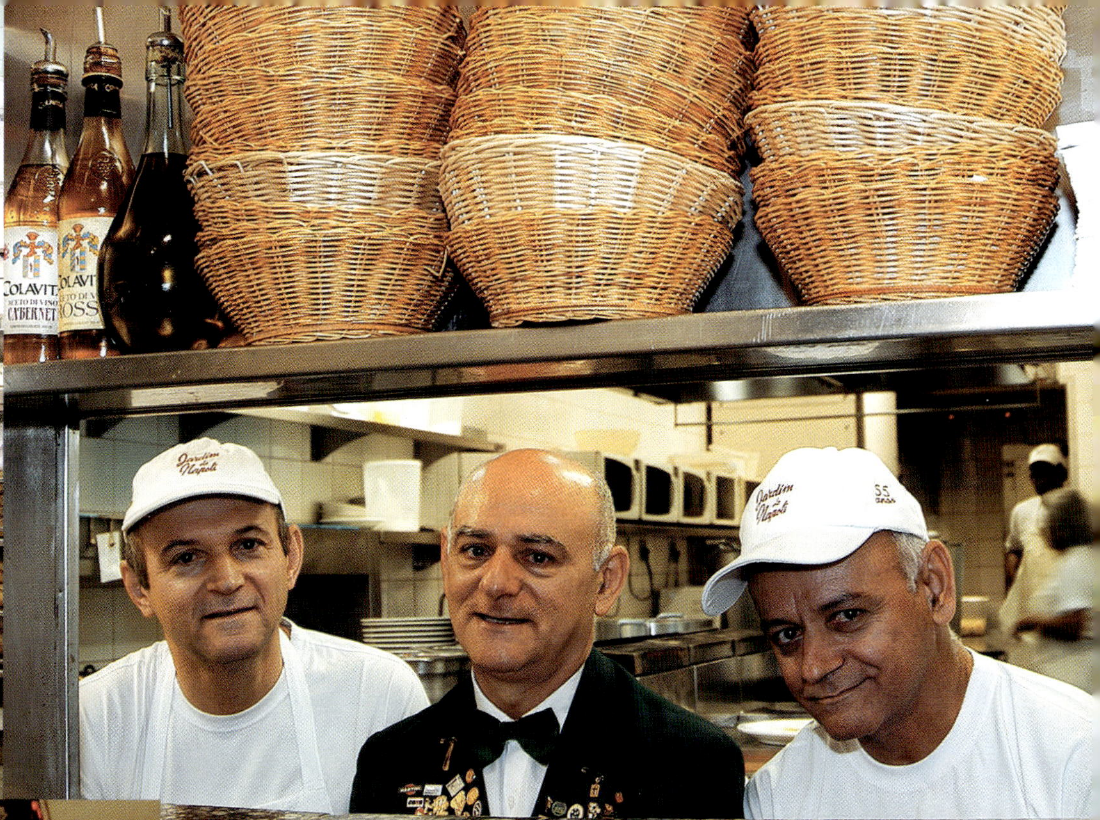
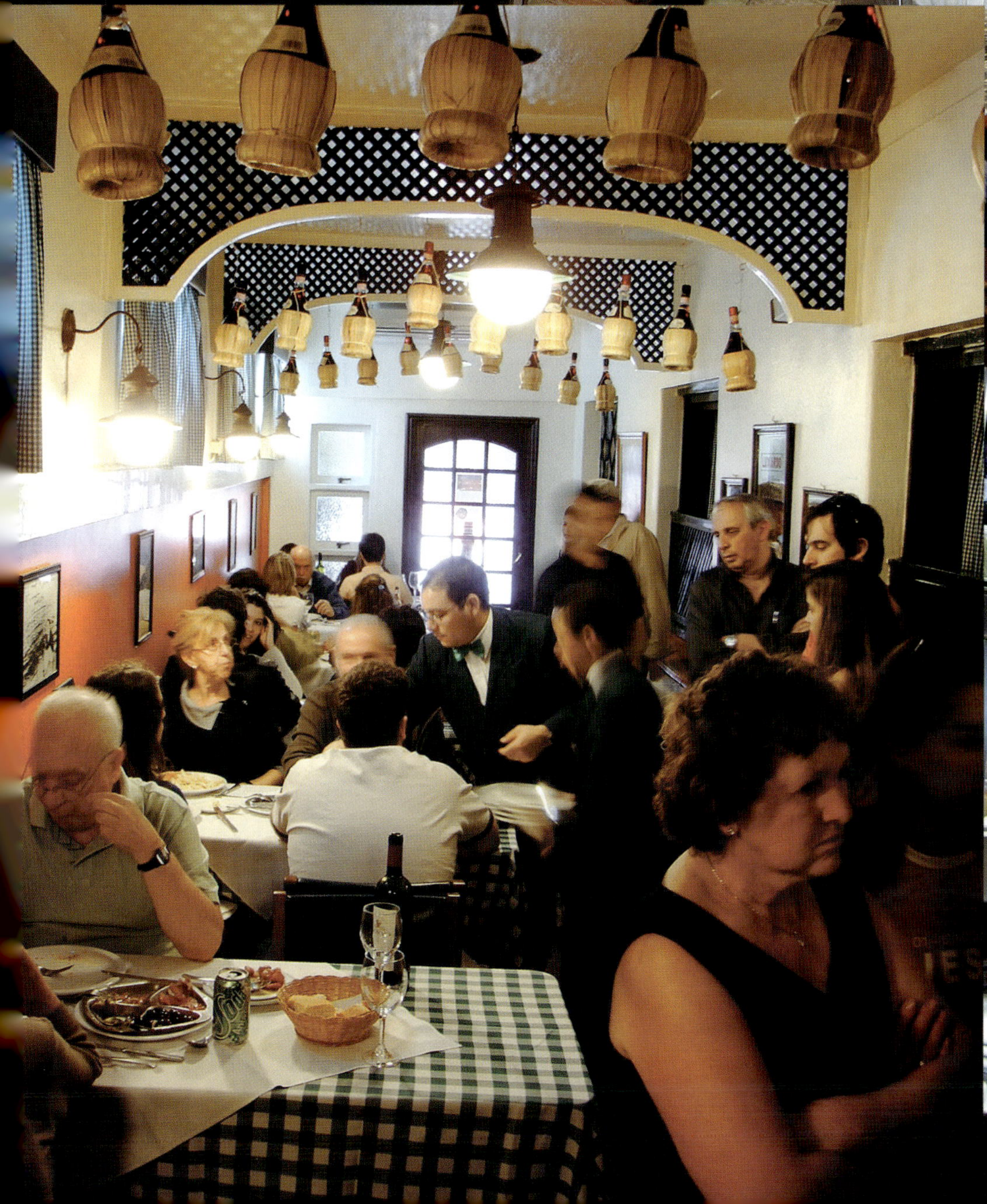
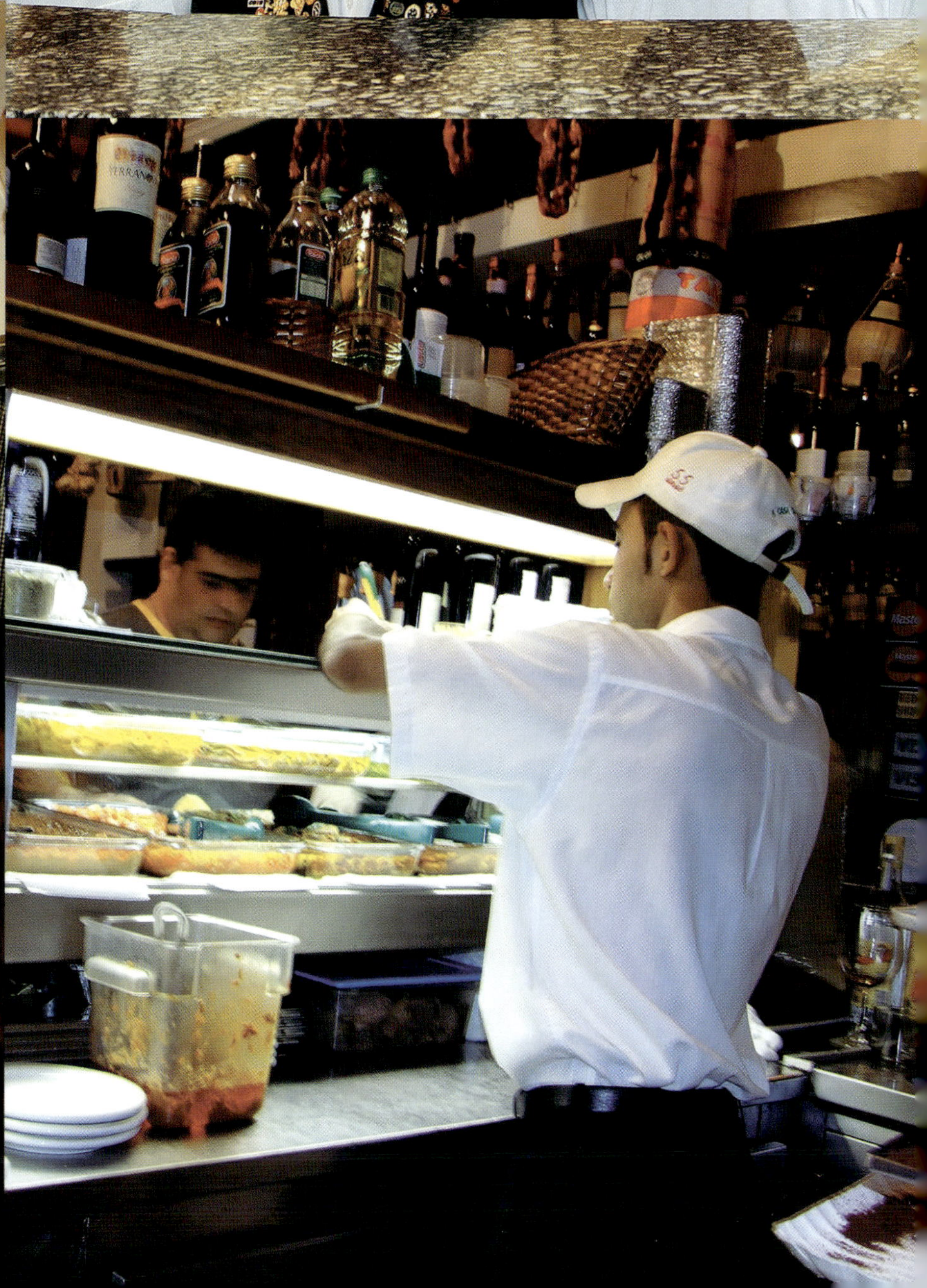

Uma Cantina Muitas Histórias

"Tradicionalmente, o ambiente da cantina é o preferido das famílias, mas há quem se arrisque a aparecer com companhias 'eventuais'. Não dá pra esquecer o caso de um senhor que veio jantar com uma bela moça. Comeram, comeram e saíram muito satisfeitos. Dali a pouco o mesmo senhor retornava, agora acompanhado da esposa... Ao fazerem o pedido ele só conseguiu aceitar um guaraná, para estranheza da esposa e divertimento dos garçons!"

(Toninho Buonerba)

Uma Cantina Muitas Histórias

Uma etapa importante na história da Cantina Jardim de Napoli foi a abertura de uma loja filial no Shopping Pátio Higienópolis. "Logo que abriu esse importante centro de compras e lazer recebi um convite para abrir a loja e pensei: de uma cantina para um shopping..., será que dá certo ? E deu muito certo. Hoje, passados já cinco anos, posso dizer que nossa filial do Shopping Pátio Higienópolis é um verdadeiro sucesso. E aqui cabe uma lembrança agradecida ao Paulo Manzoni, meu amigo desde a infância, que me deu todo apoio no projeto de criação e instalação da nova loja."

(Toninho Buonerba)

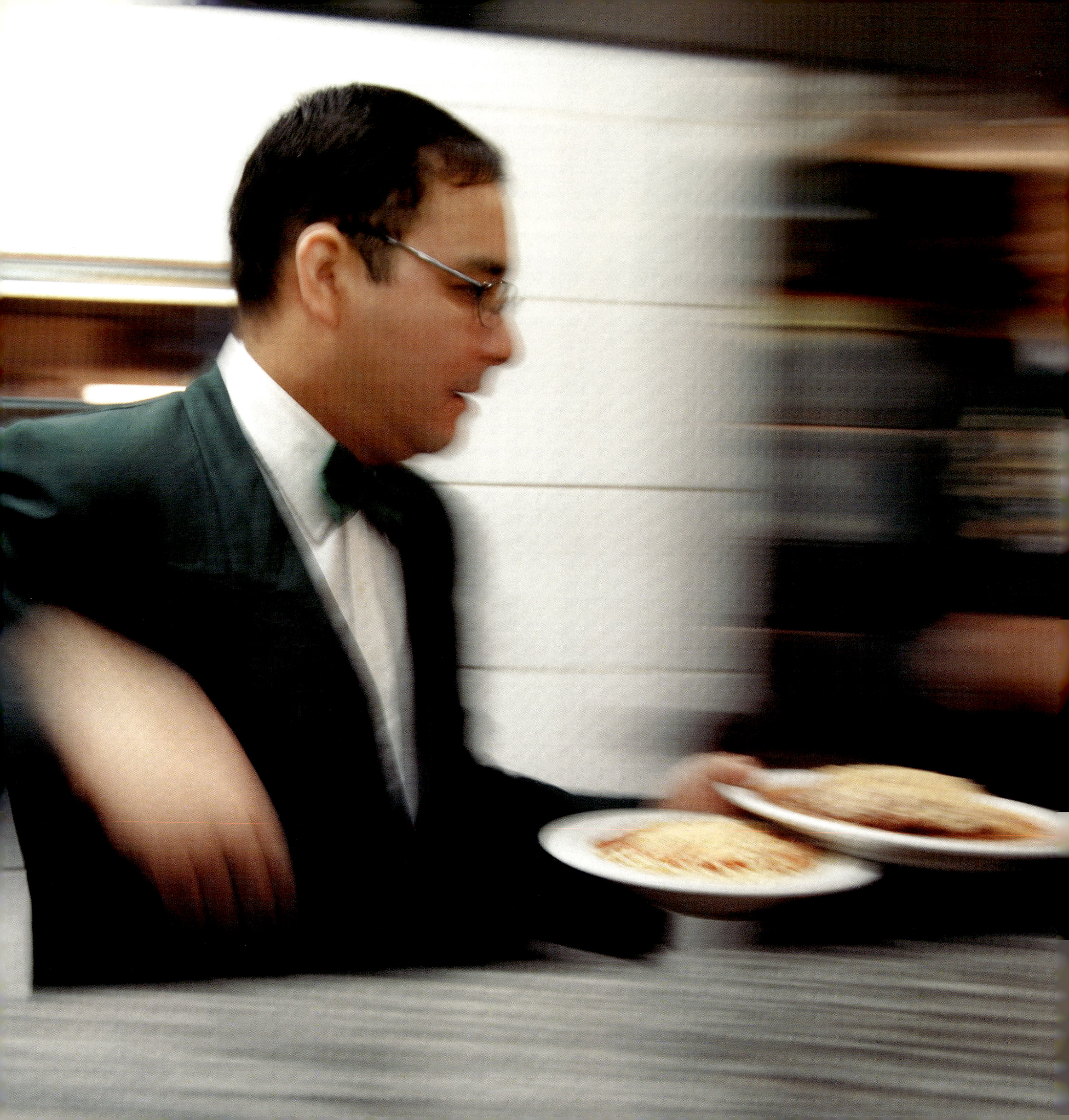

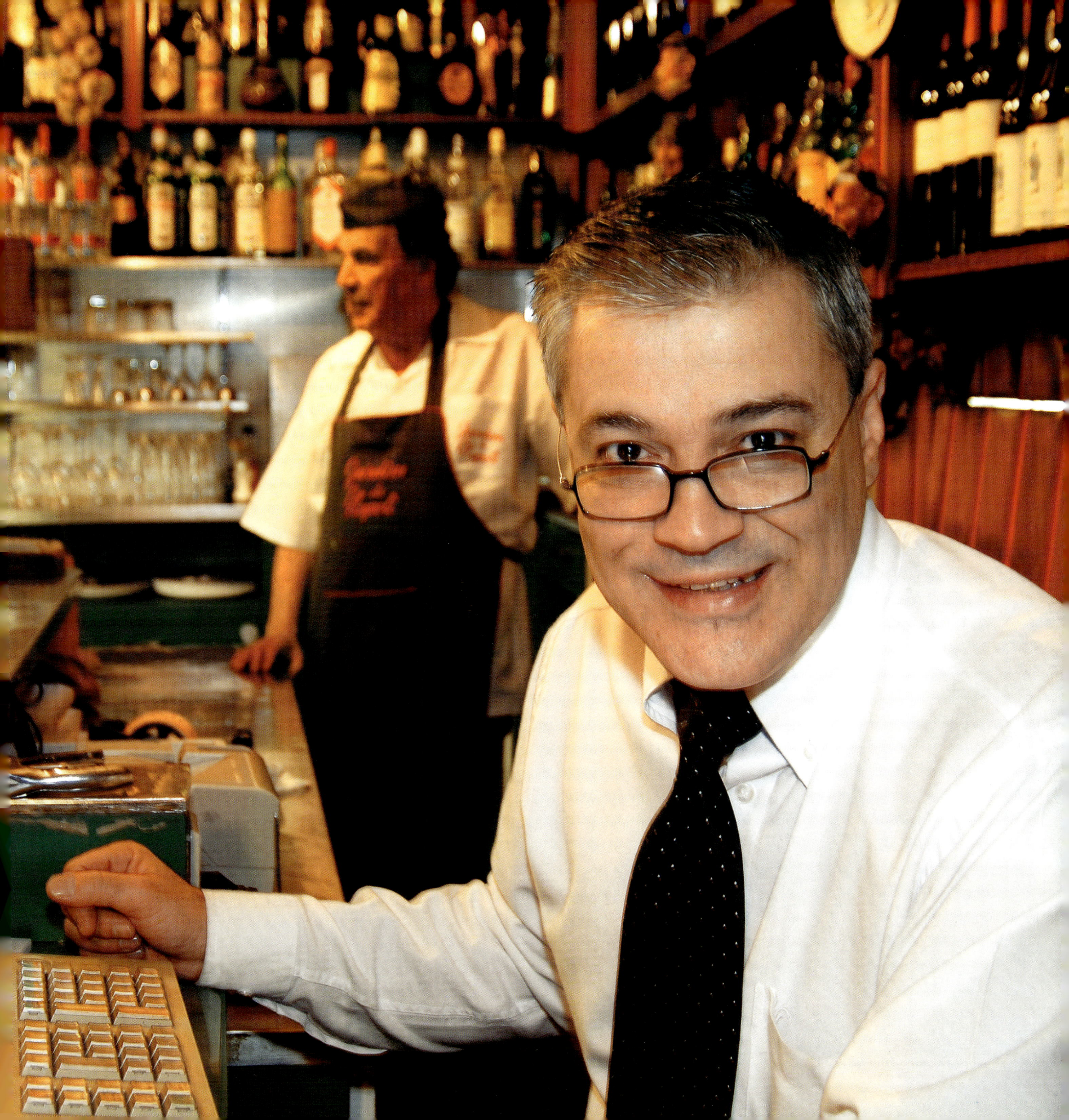

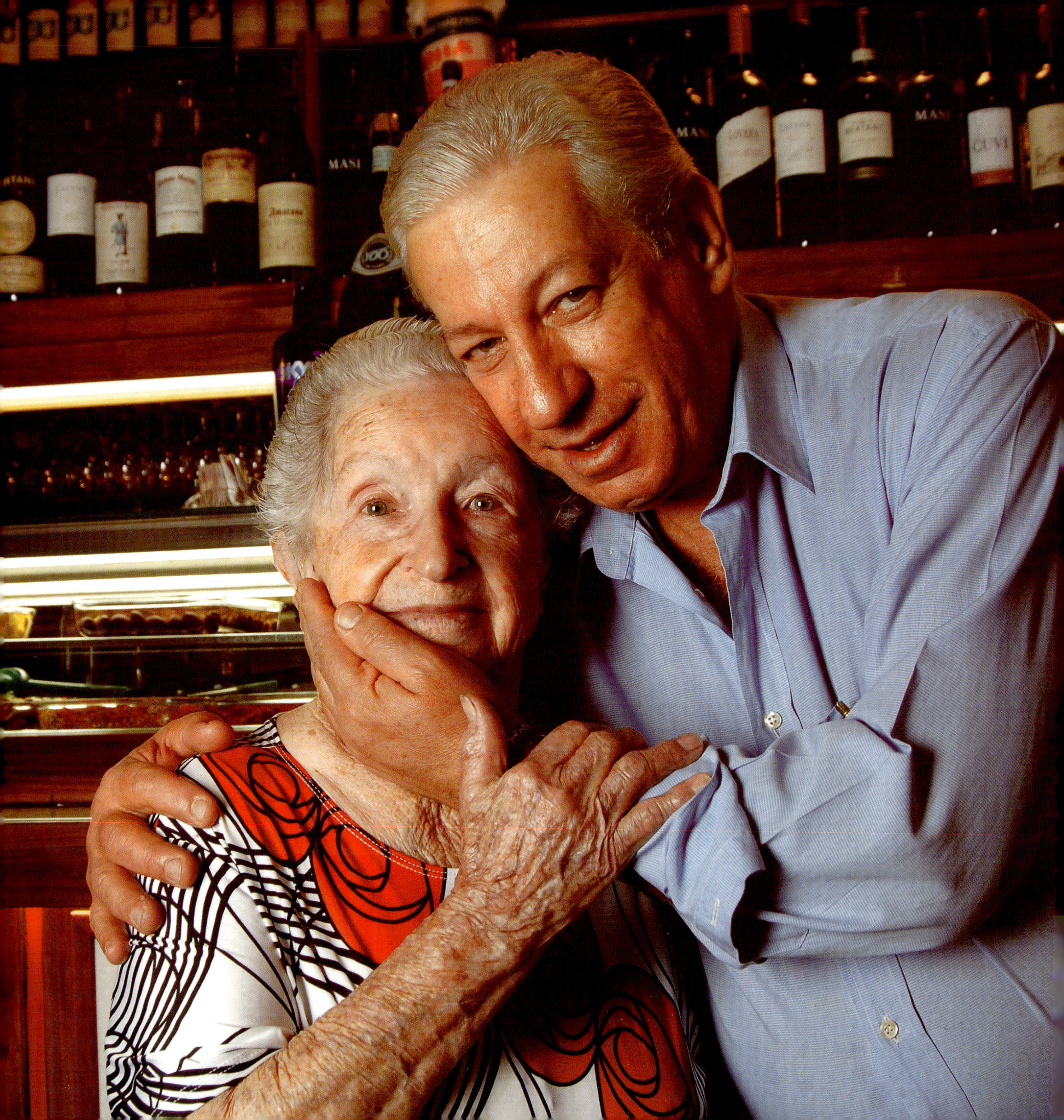
MASI
MASI
CUVI

1980

COLABORADORES COMO ADOLFO E D. LEONOR FAZEM PARTE DA GRANDE FAMILÍA BUONERBA

Uma Cantina, Muitas Histórias

"Não sou tanto supersticioso como um napolitano vero, mas guardo lá minhas manias e cuidados que herdei de meus pais. Na cantina, tínhamos a crença que a queda e quebra de uma garrafa de vinho era sempre sinal de sorte. Pois bem, após inaugurar o novo endereço da Cantina Jardim de Napoli, fiquei ansioso, à espera da quebra de uma garrafa. Passaram-se três ou quatro meses, até que um belo dia "crash", caiu uma garrafa, esparramando o nobre líqüido pelo chão. Sorri satisfeito: foi o batismo da nova cantina em Higienópolis!"
(Toninho Buonerba)

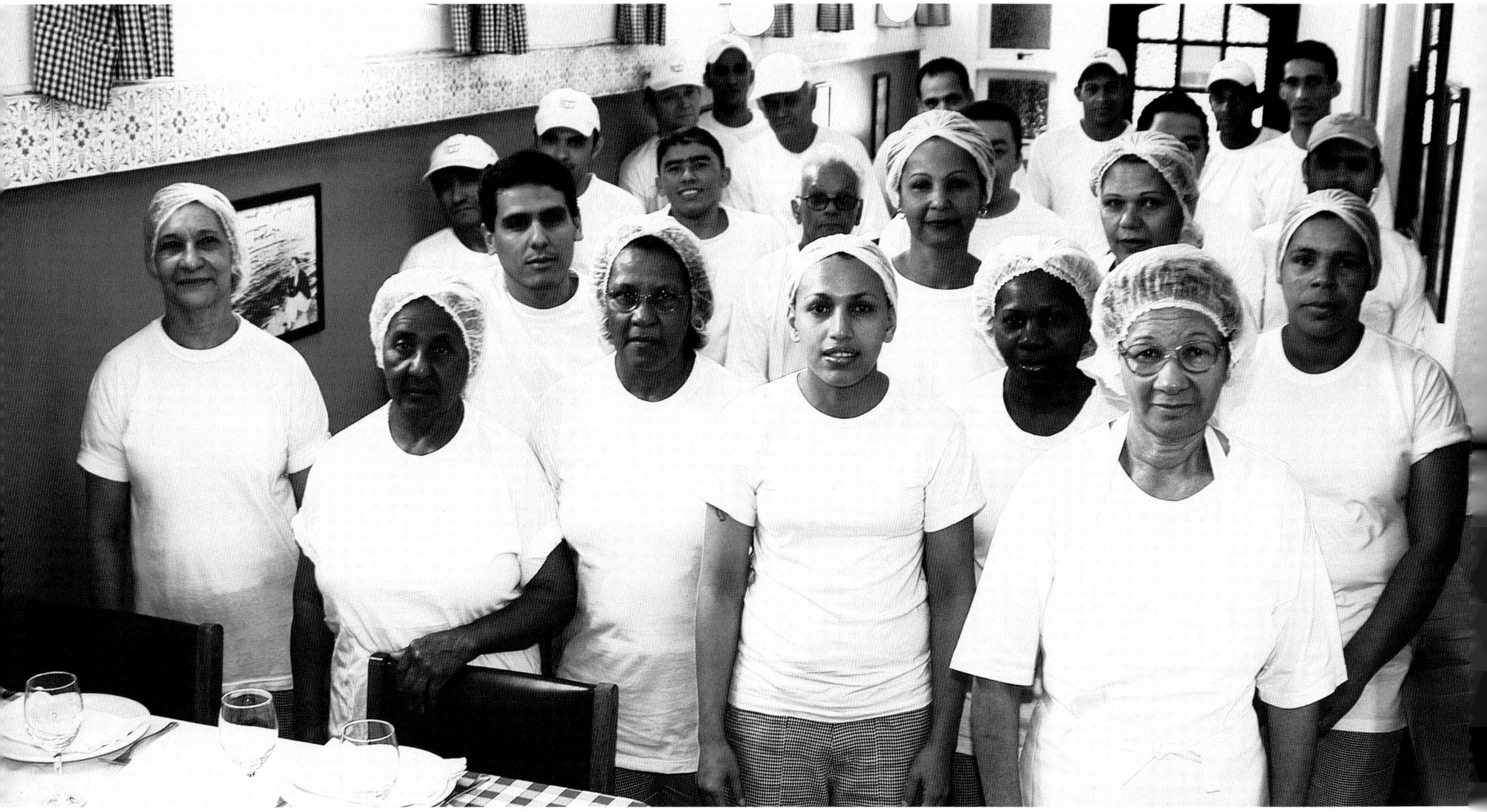

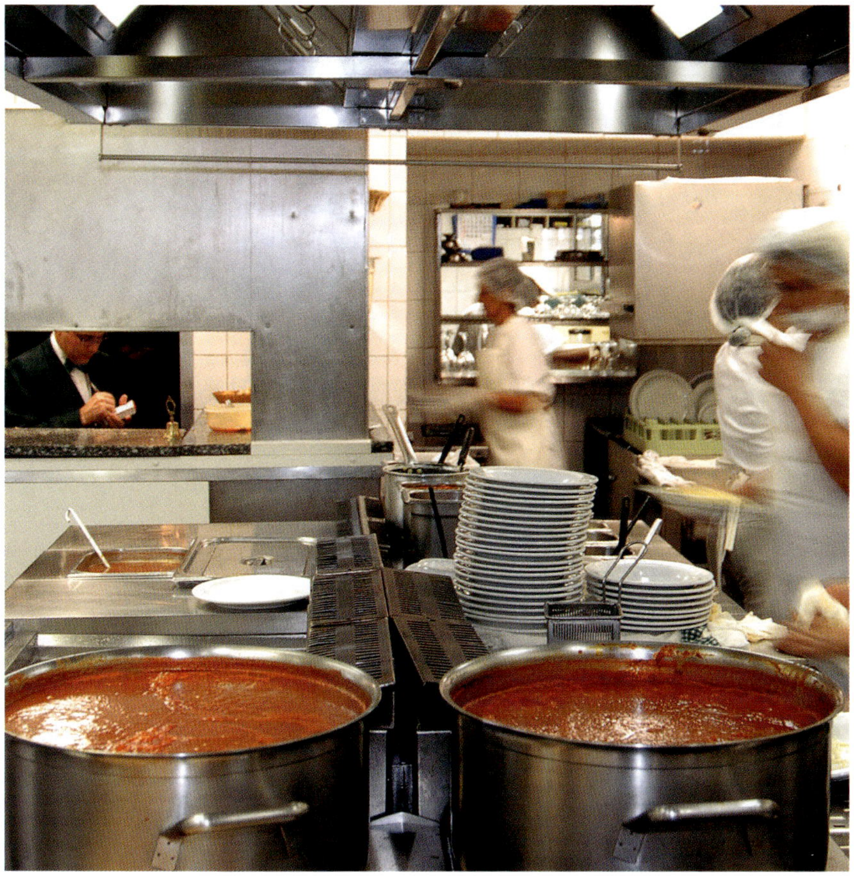

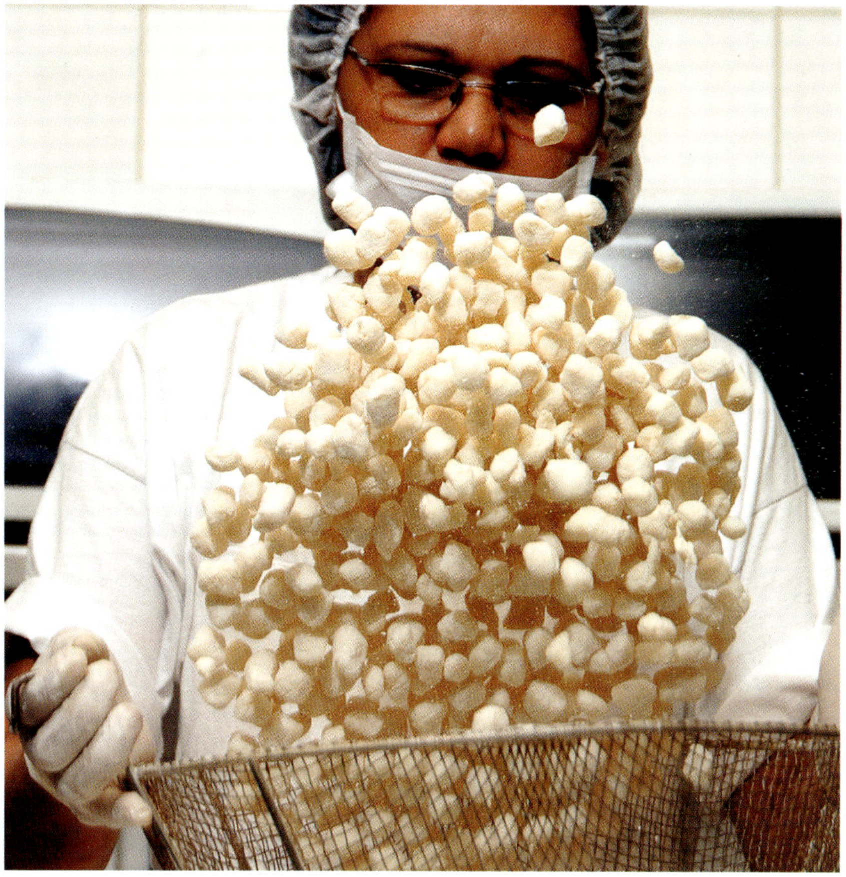

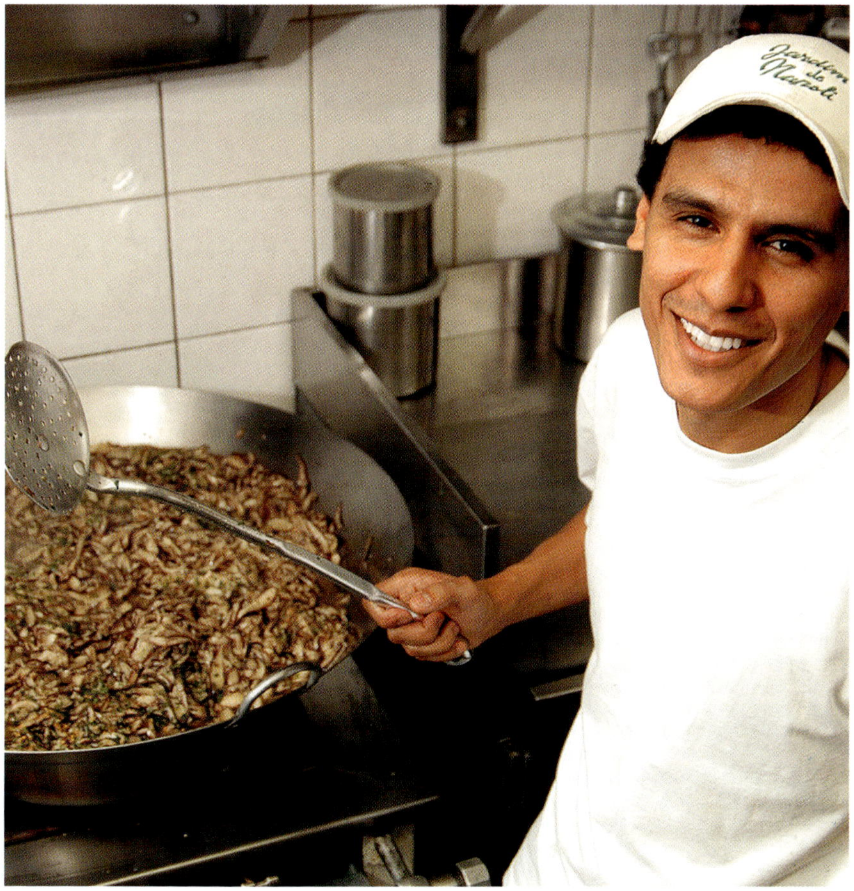
Jardim de Napoli

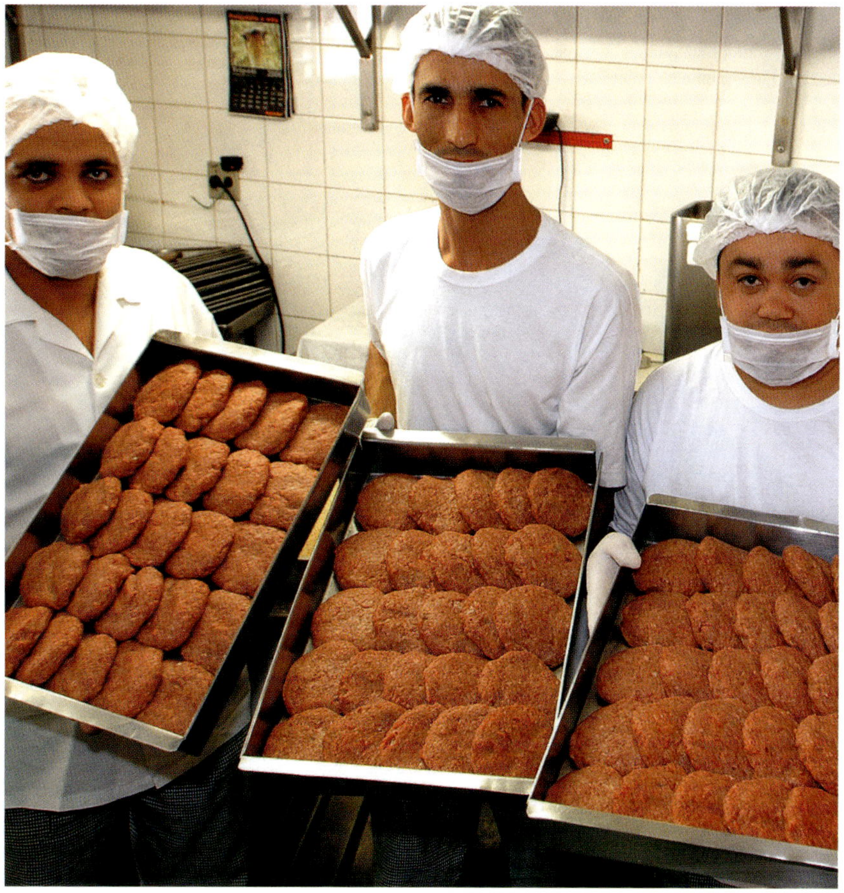

Uma Cantina
Muitas Histórias

"Houve uma época que servíamos na cantina uns espetinhos de carne. Lembro que havia uma senhora toda cerimoniosa, cheia de etiqueta, que sempre vinha jantar com o marido. Certo dia estava esse casal à mesa, ela como sempre impecavelmente vestida, fazendo uma refeição no seu costumeiro estilo, fino e elegante. Acima deles estavam penduradas umas peças de queijo. Não é que me cai uma bruta peça de queijo bem em cima dos pratos! Foi espetinho, bebidas e resíduos pra todo lado, inclusive para o recatado colo daquela sensível freguesa..."

"O hábito próprio das cantinas de pendurar bebidas, queijos e embutidos, foi também causa de uma outra 'tragédia': certa vez, uma lingüiça inteirinha despencou do varal e caiu certinho sobre um cliente, fazendo com que ele ficasse com uma espécie de colar de lingüiça no pescoço!"

(Toninho Buonerba)

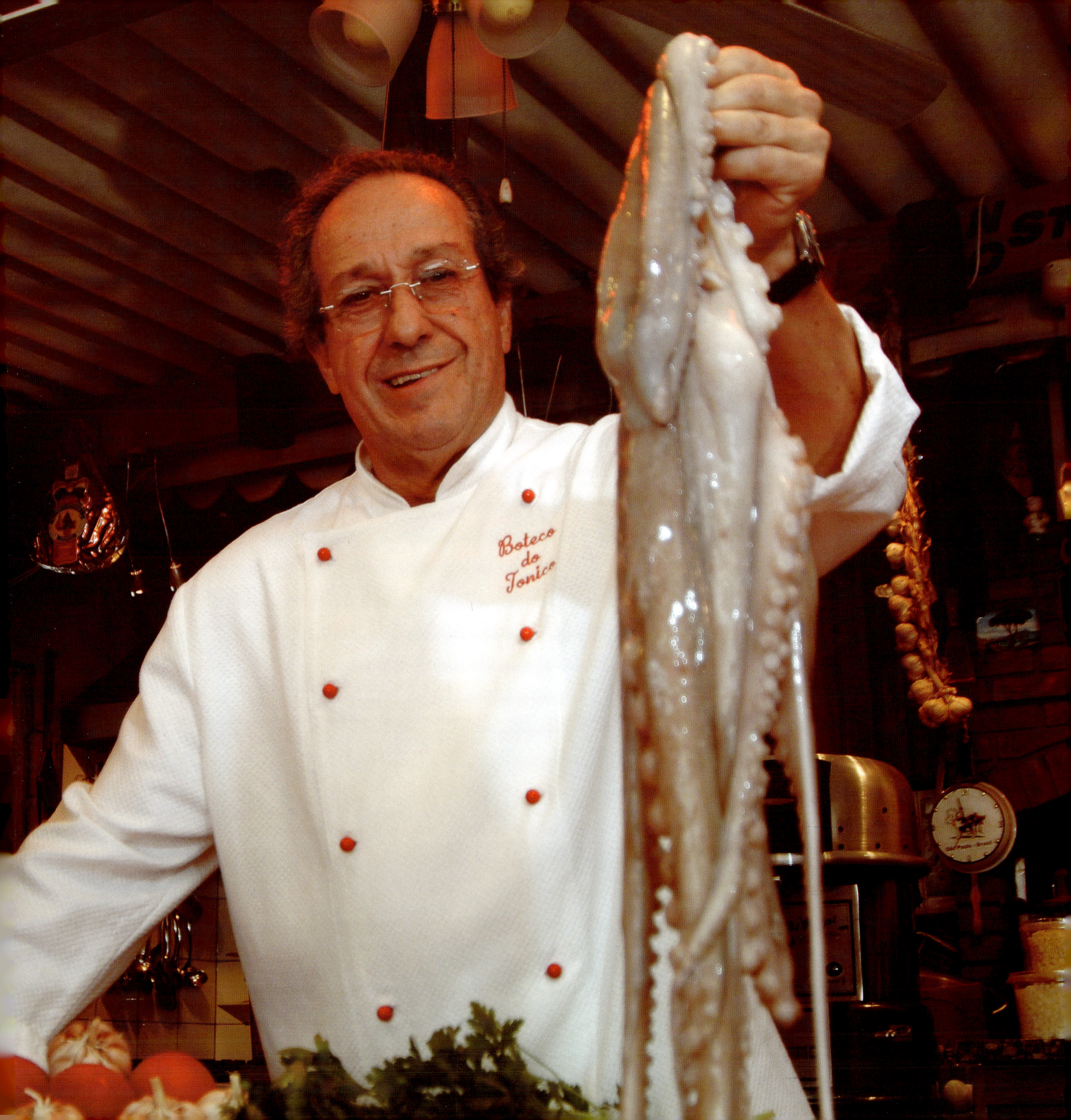
Boteco do Tonico

84

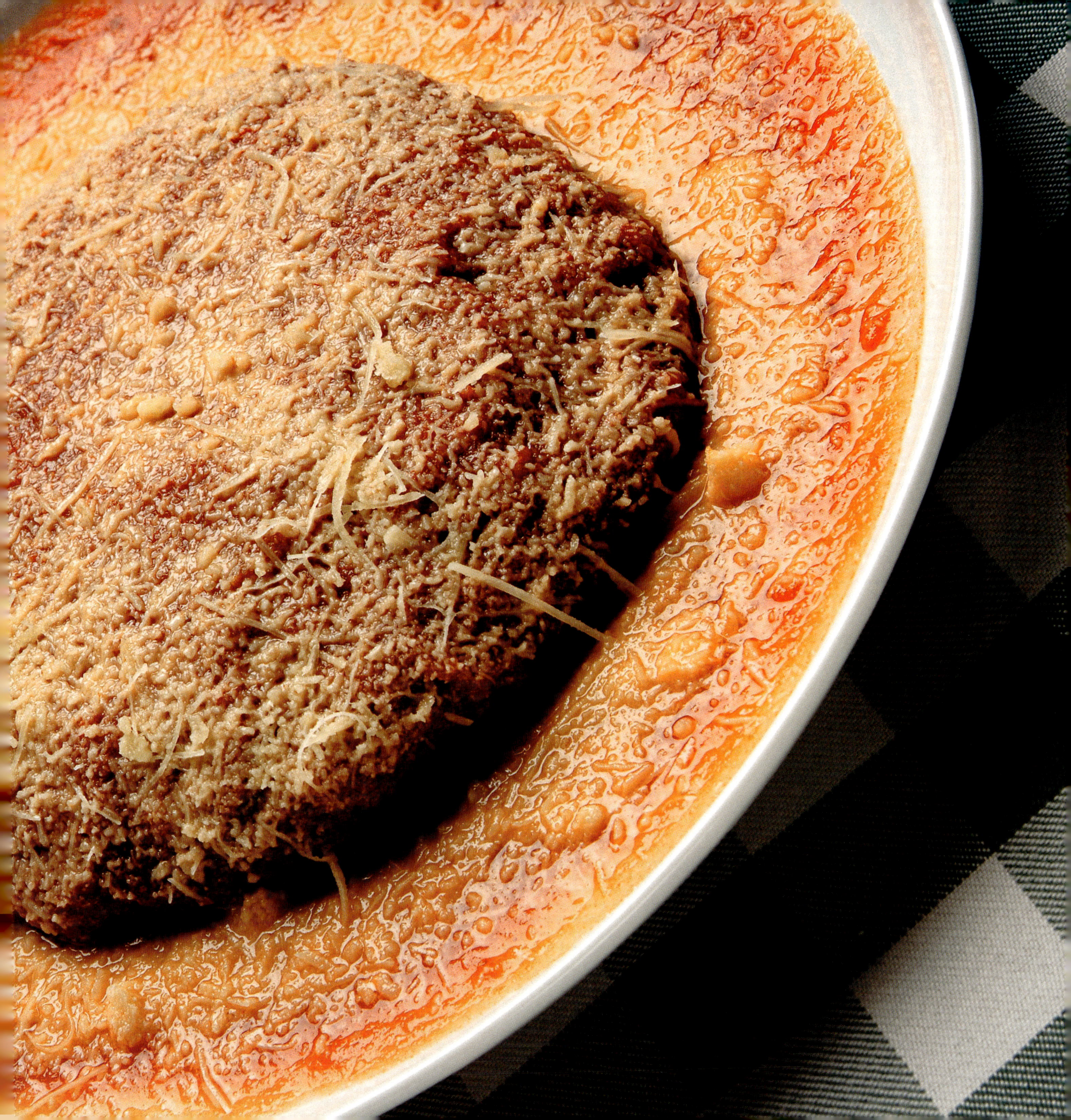

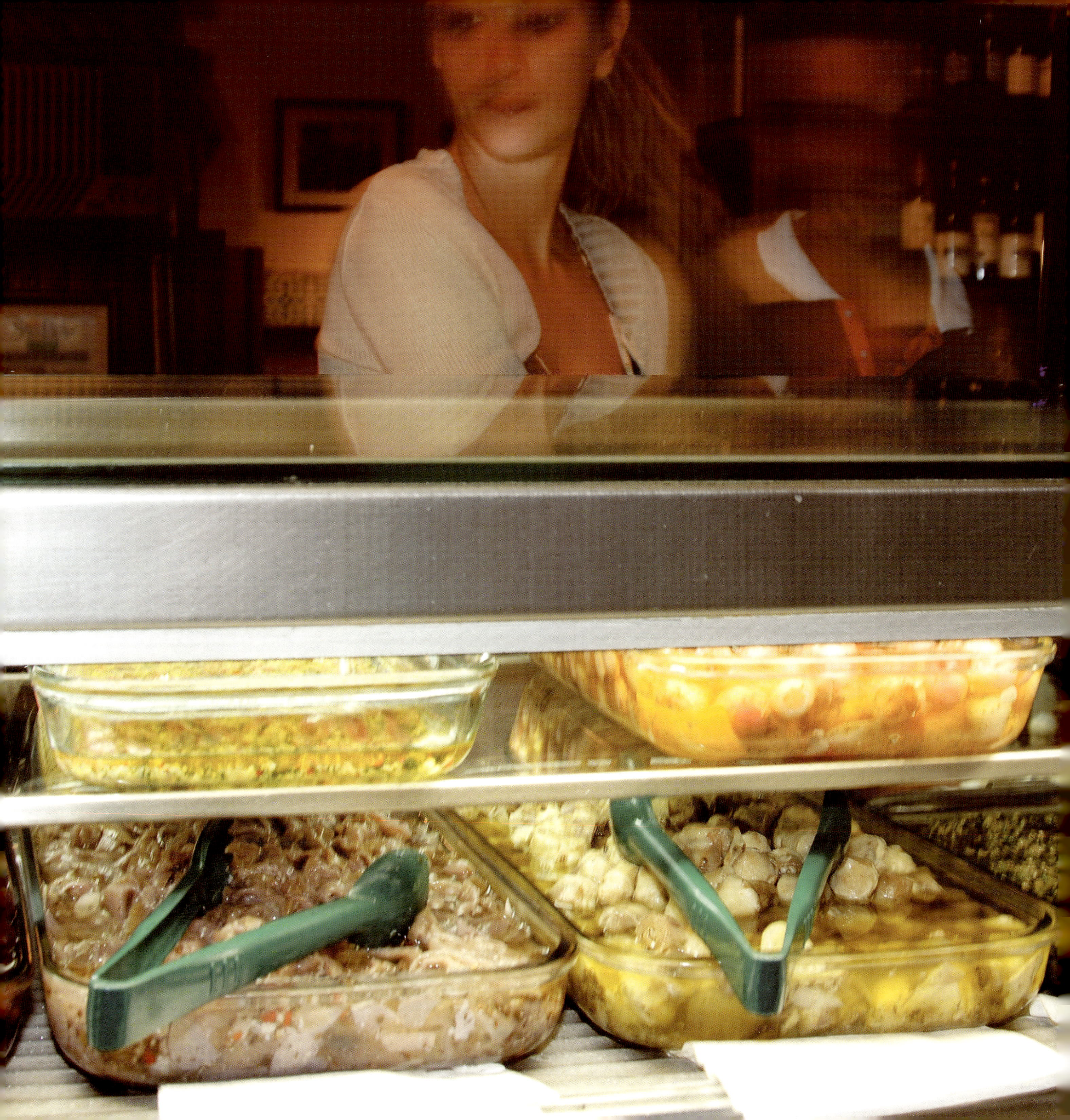

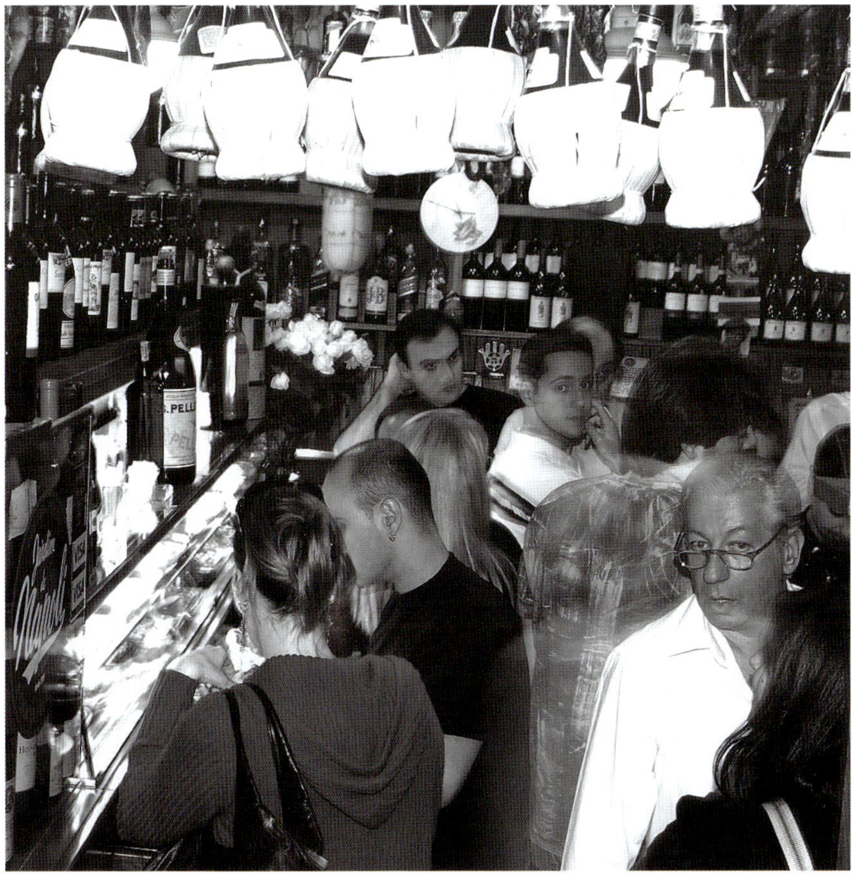

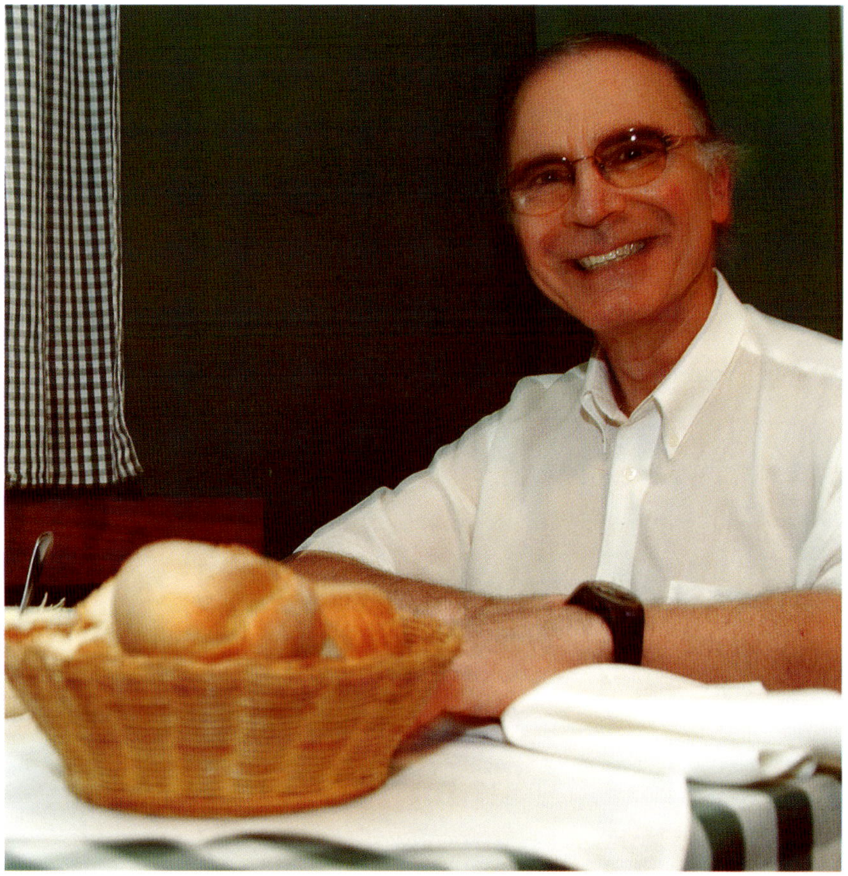

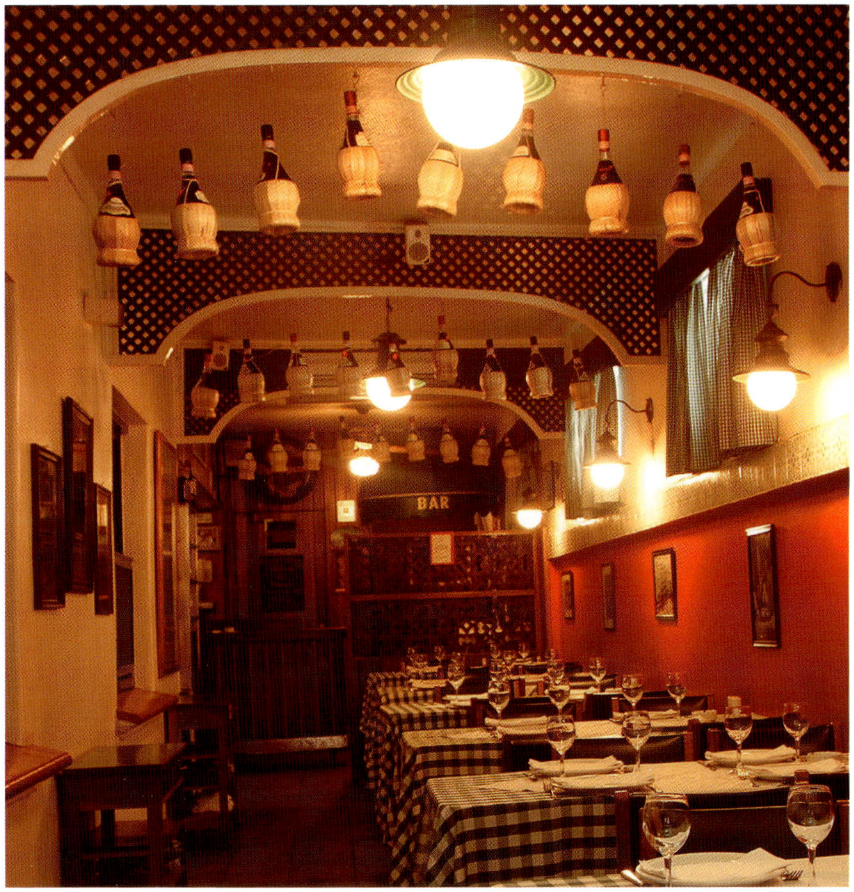
BAR

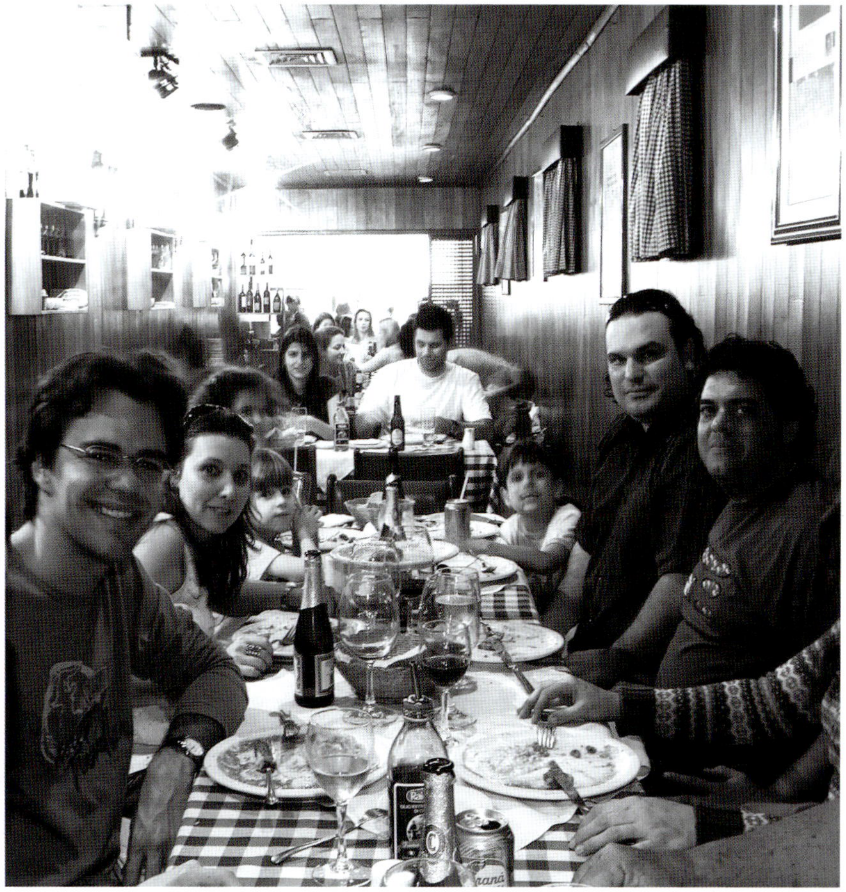

A SEMENTE PLANTADA POR DON CICCIO GERMINOU

2006

E CRESCEU COM VIGOR. A TERCEIRA GERAÇÃO DOS BUONERBA PROSSEGUE NO TRABALHO PIONEIRO DE DON CICCIO

VOLETE MANGIARE BENE? ANDATE ALLA

CANTINA E PIZZERIA

Jardim de Napoli

RUA MARIA PAULA, 194
SÃO PAULO

Specialità: La vera e legittima pizza napoletana — Spaghetti alla marinaio — Filete a pizzaiolo — Capretto al forno con patate — Baccalá alla Luciana — Lasagna inbottita, ecc.

GRANDE SORTIMENTO DI VINI ITALIANI
— CUCINA GENUINA NAPOLETANA —

Jardim de Napoli

RUA MARIA PAULA, 194
SÃO PAULO

CANTINA E PIZZERIA

Specialitá: La vera e legittima pizza napoletana — Spaghetti alla marinaio — Filete a pizzaiolo — Capretto al forno con patate — Baccalá alla Luciana — Lasagna inbottita, ecc.

GRANDE SORTIMENTO DI VINI ITALIANI
CUCINA GENUINA NAPOLETANA

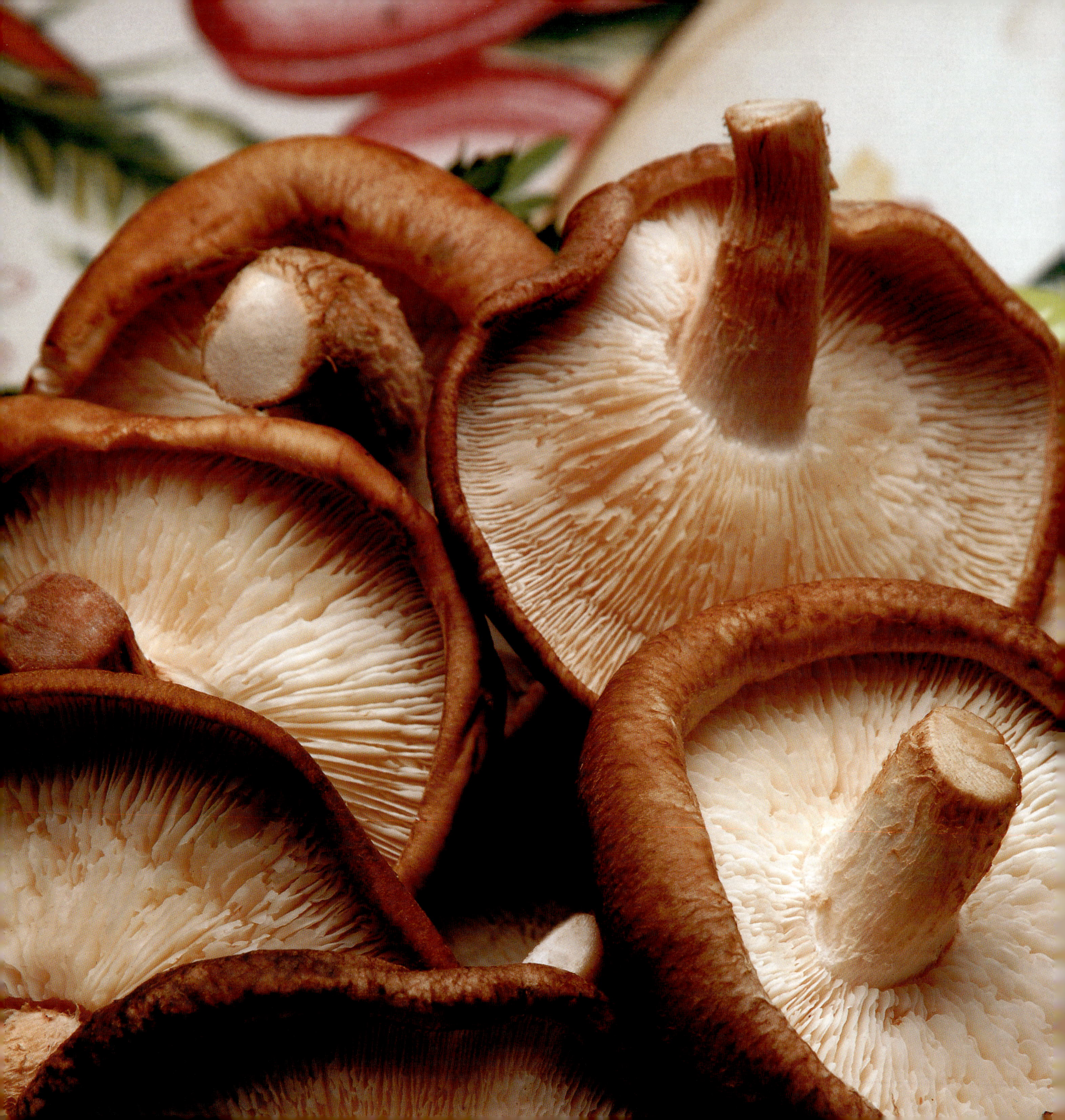

Receitas

antipastos
Carciofini All`Olio	. 94
Sardella	. 97
Melanzane All`Olio	. 98
Alicella	. 101
Pomodori Secchi	. 102

massas
Fettuccine Ai Funghi Trifolati	. 105
Fusilli Con Braciola	. 106
Lasagna Al Sugo	. 109
Linguine Alla Crema Con Funghi	. 110
Gnocchi Alla Bolognesa	. 113
Pappardelle Al Ragú	. 114
Tortiglione Tresapori	. 117
Penne Con Broccoli	. 118
Spaghetti Al Pesto	. 121

carnes
Filetto Alla Parmigiana	. 122
Filetto Alla Pizzaiola	. 125
Polletto Fritto	. 126

saladas
Insalata Speciale	. 129
Milanese Caprese	. 130

pizzas
La Pizza	. 133
Margherita	. 134
Tricolori	. 135
Abbondanza	. 136
Scarola con Alice	. 137

2,100 kg alcachofrinha
450 ml vinagre branco
150 ml vinho branco seco
sal a gosto
600 ml azeite extra virgem de oliva
60 g alho fatiado
orégano a gosto

MODO DE PREPARO: Com uma faca pequena, tire as folhas das alcachofrinhas até encontrar as folhas mais claras. Corte ao redor da base de cada uma delas em forma de um pião, tire aproximadamente 1 cm da ponta das folhas e coloque-as em uma vasilha com água fria e limão espremido para que não fiquem escuras. Coloque em uma panela seis litros de água, o vinagre, o vinho e sal a gosto. Deixe ferver. Escorra a água das alcachofrinhas e despeje-as na panela de água fervente. Com uma escumadeira leve, mexa bem para que todas elas fiquem sob a água. Durante o cozimento, repita o procedimento. Após 20 minutos, espete um garfo para verificar se estão cozidas. Tire as alcachofrinhas com a escumadeira e coloque-as em um escorredor raso. Deixe esfriar e comece a montagem. Em um pote ou vidro, coloque um pouco do azeite e uma parte das alcachofrinhas. Adicione o alho fatiado e salpique orégano. Repita a seqüência das camadas e por fim complete com o azeite. Deixe descansar por algumas horas para que apure bem o sabor dos temperos e acondicione em local refrigerado.

RENDIMENTO: 12 porções

Carciofini
All`Olio

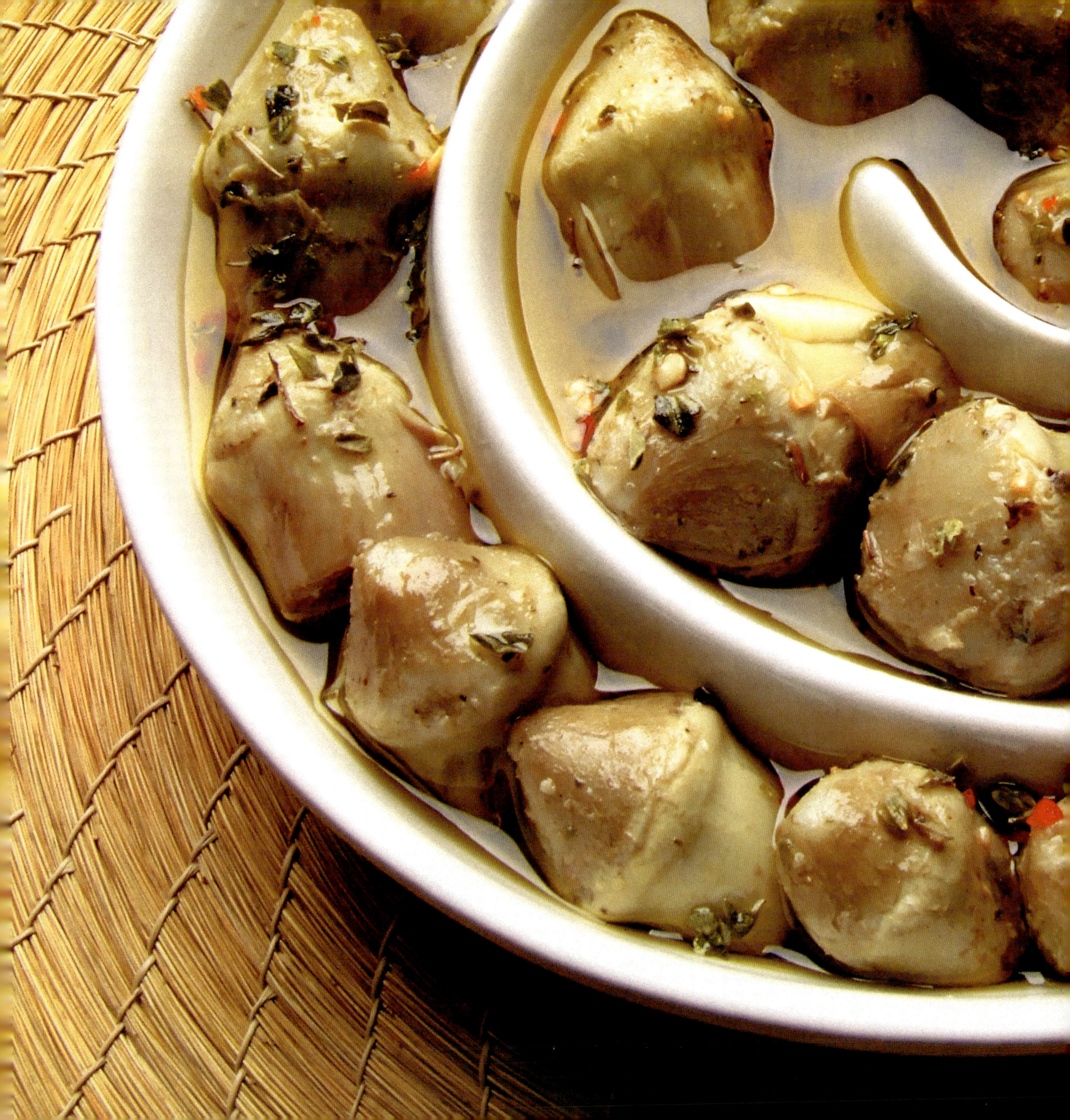

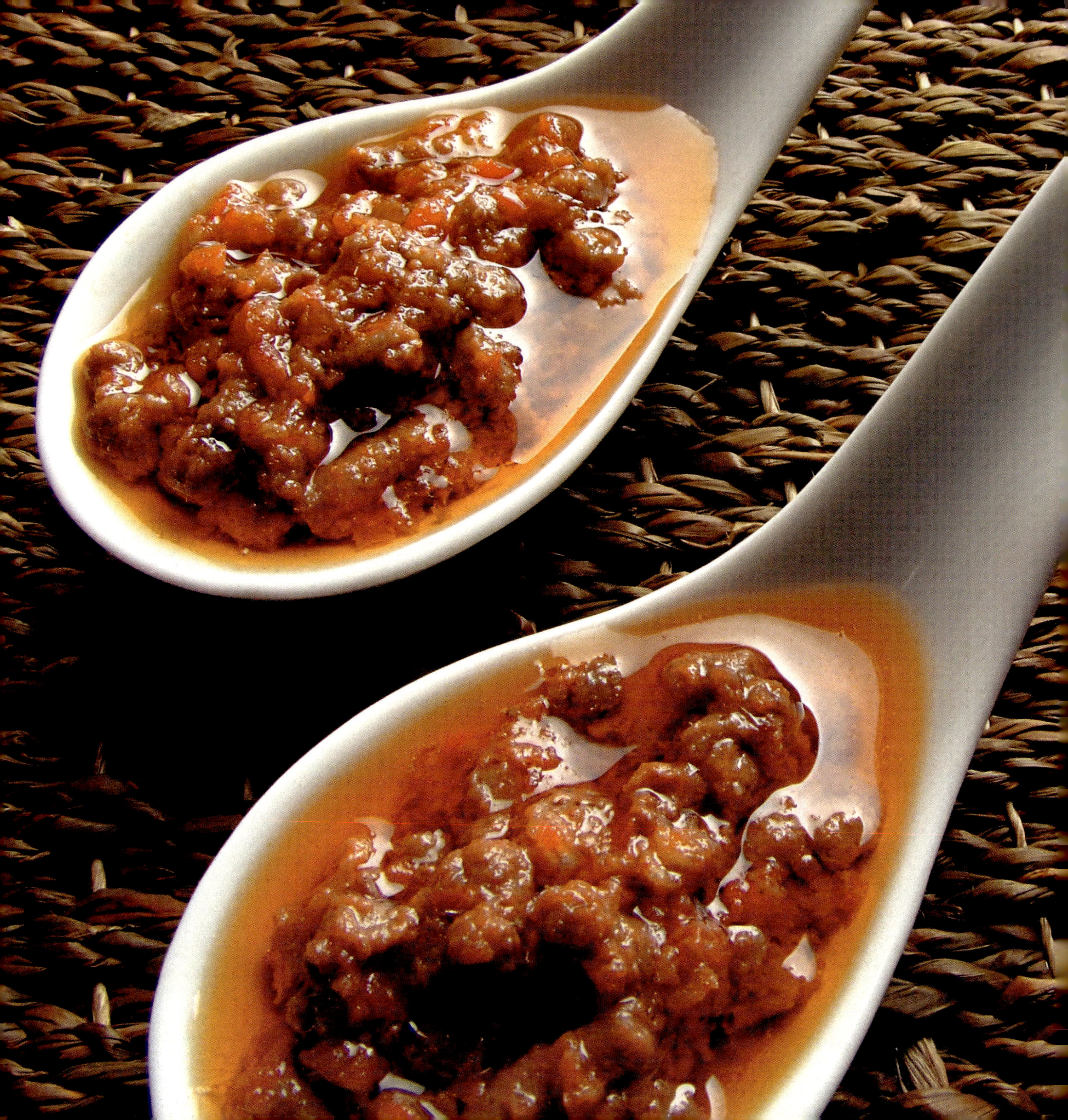

1,200 kg alice em óleo
390 g pimentão vermelho sem semente
45 g alho fatiado
18 g páprica doce
6 g páprica picante
810 ml azeite de oliva

MODO DE PREPARO: Coloque uma peneira rasa e de malha aberta na pia, espalhe uma parte do alice e comece então a lavar delicadamente para tirar o excesso de sal e óleo, tomando cuidado para que os filés não fiquem encharcados e se desfaçam. Deixe escorrer um pouco. Pegue uma pequena porção, aperte levemente formando bolinhos e acomode-os em uma vasilha rasa. Repita o procedimento até que terminem os filés de alice. Em uma máquina de moer, passe alternadamente alguns bolinhos, um pouco de alho e pimentão. Finalizado este processo, adicione a páprica doce e a páprica picante, coloque o azeite e mexa delicadamente para que todos os ingredientes se misturem bem.

RENDIMENTO: 12 porções

Sardella

3,300 kg berinjela nacional
300 ml vinagre tinto
105 ml vinho branco seco
sal a gosto
660 ml azeite extra virgem de oliva
45 g alho fatiado
orégano a gosto
pimenta dedo-de-moça picada a gosto

MODO DE PREPARO: Fatie as berinjelas no sentido do comprimento, na espessura de aproximadamente 3 mm, em máquina de cortar frios. Em um escorredor fundo, acomode uma camada de berinjelas e salgue. Repita este procedimento até que terminem as berinjelas. Coloque uma superfície lisa e resistente sobre a última camada e um peso que funcione como uma prensa para que o suco das berinjelas escorra. Coloque uma vasilha rasa embaixo do escorredor. Deixe por aproximadamente 2 horas. Vá soltando as fatias e reserve-as em vasilhas. Coloque seis litros de água, o vinagre, o vinho e o sal em uma panela e deixe atingir a fervura. Abaixe o fogo e então coloque uma pequena parte da berinjela. Com uma escumadeira leve, vá mexendo lentamente para que as fatias se soltem e cozinhem por igual. Quando estiverem avermelhadas e amolecidas, retire-as e deixe-as escorrer e esfriar em vasilhas rasas. Continue cozinhando o restante da berinjela em pequenas porções, na mesma água. Em um pote de vidro, coloque uma parte do azeite e comece a arrumar as berinjelas delicadamente até que completem uma camada. Adicione o alho, o orégano e a pimenta. Repita o procedimento e complete com o azeite.

RENDIMENTO: 12 porções

Melanzane
All`Olio

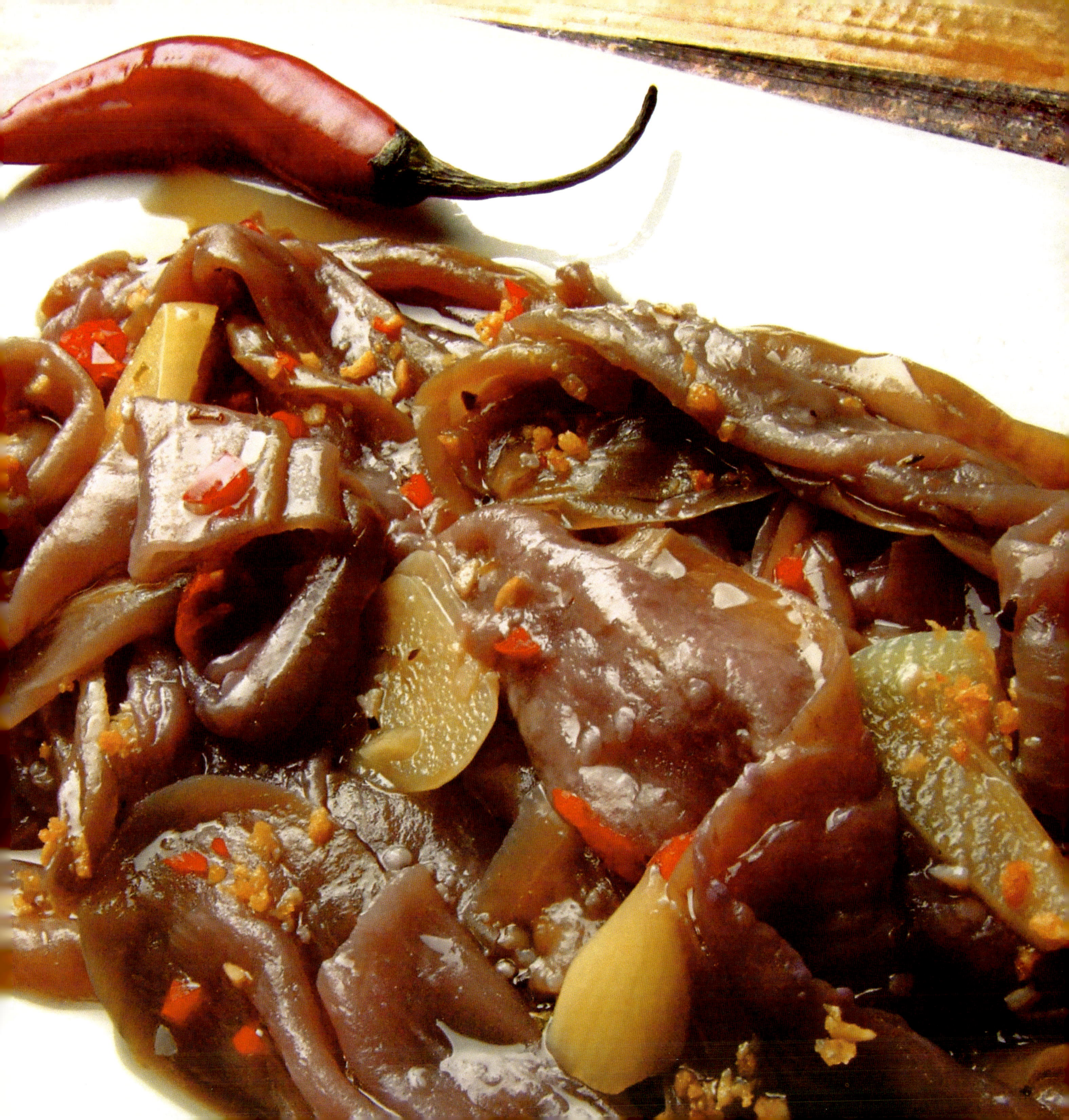

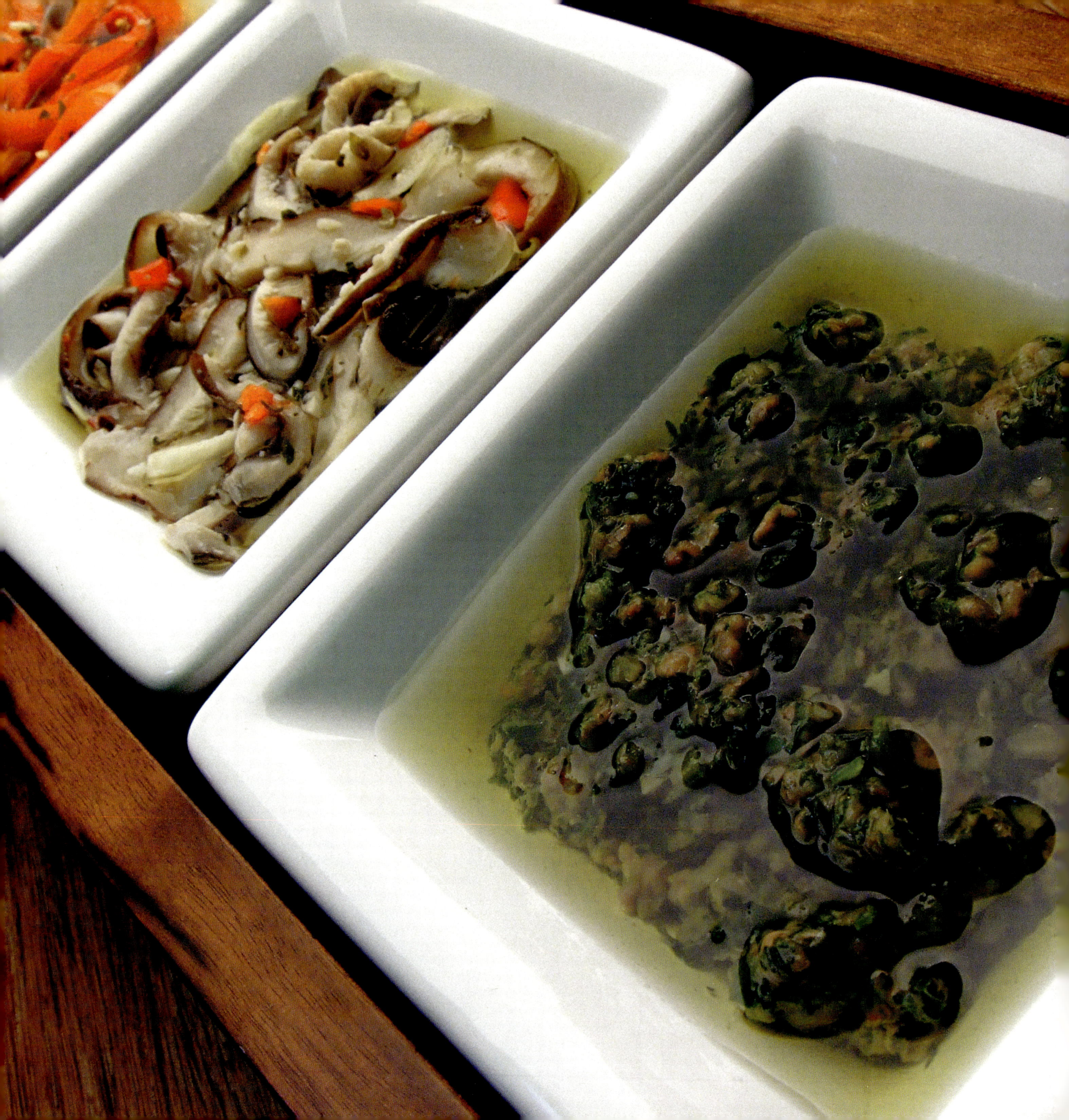

900 g alice em óleo
210 g salsinha lavada
600 ml azeite de oliva
60 g alho fatiado
pimenta dedo-de-moça picada a gosto

MODO DE PREPARO: Repita o mesmo processo de lavagem dos filés de alice descrito na receita da Sardella. Faça três maços da salsinha e corte a parte mais grossa dos talos. Reserve. Em uma máquina de moer, vá passando os bolinhos de alice, o alho fatiado e a salsinha. Quando todos os ingredientes estiverem moídos, adicione a pimenta picada e o azeite, e misture bem.

RENDIMENTO: 12 porções

Alicella

1,200 kg tomate seco
600 ml vinagre tinto
210 ml vinho tinto
1,200 L azeite extra virgem de oliva
75 g alho fatiado
orégano a gosto
pimenta em conserva a gosto

MODO DE PREPARO: Leve seis litros de água à fervura. Adicione o vinagre, o vinho e o sal. Coloque os tomates e vá mexendo de vez em quando. Após 20 minutos de cozimento, verifique se estão bem cozidos e comece a tirá-los. Coloque-os em um escorredor raso e deixe esfriar. Inicie a montagem: em um pote, coloque um pouco de azeite, uma camada de tomates, alho fatiado, orégano e salpique algumas gotas do molho da pimenta. Repita as camadas e complete com azeite.

RENDIMENTO: 12 porções

Pomodori

Secchi

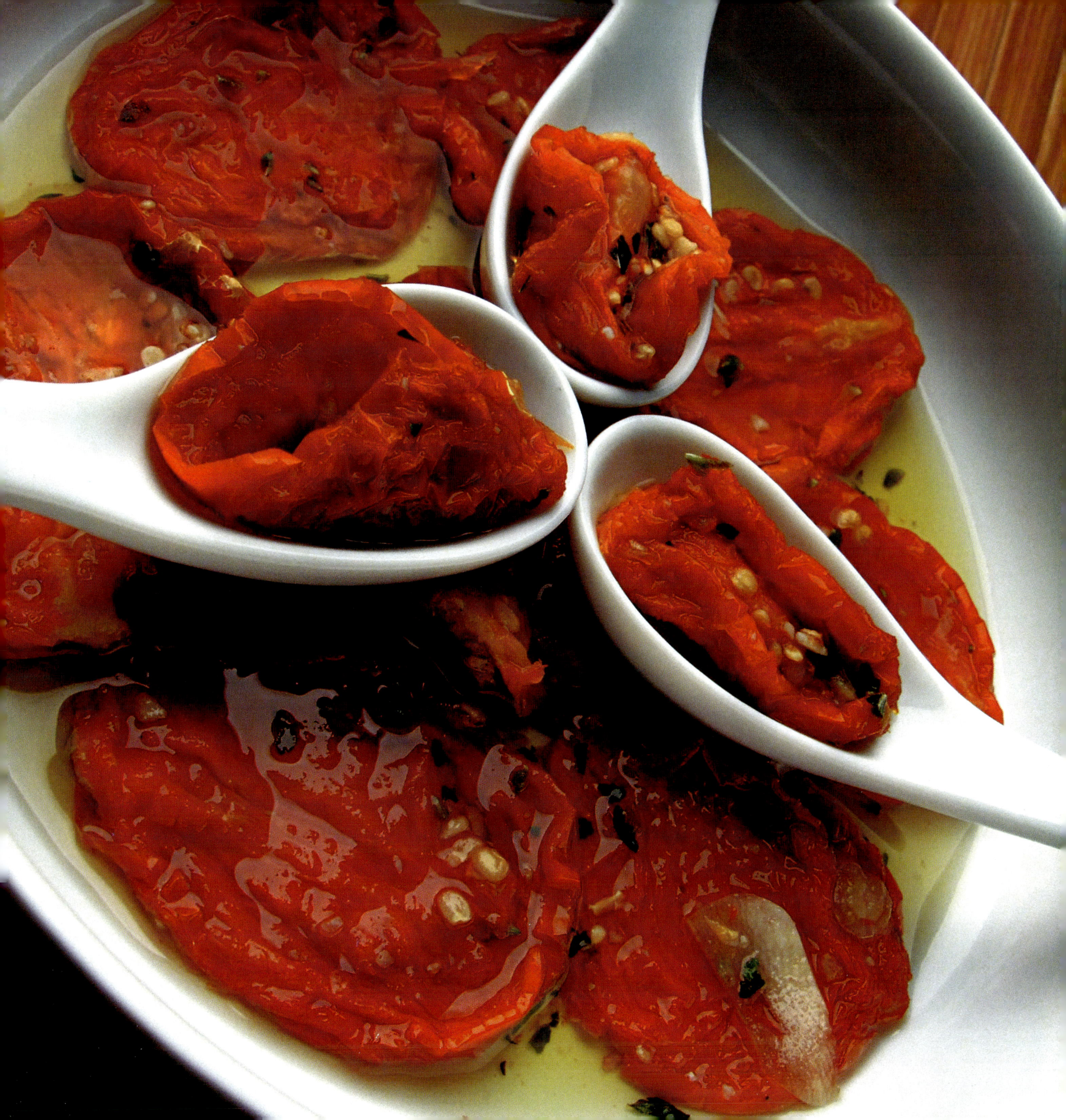

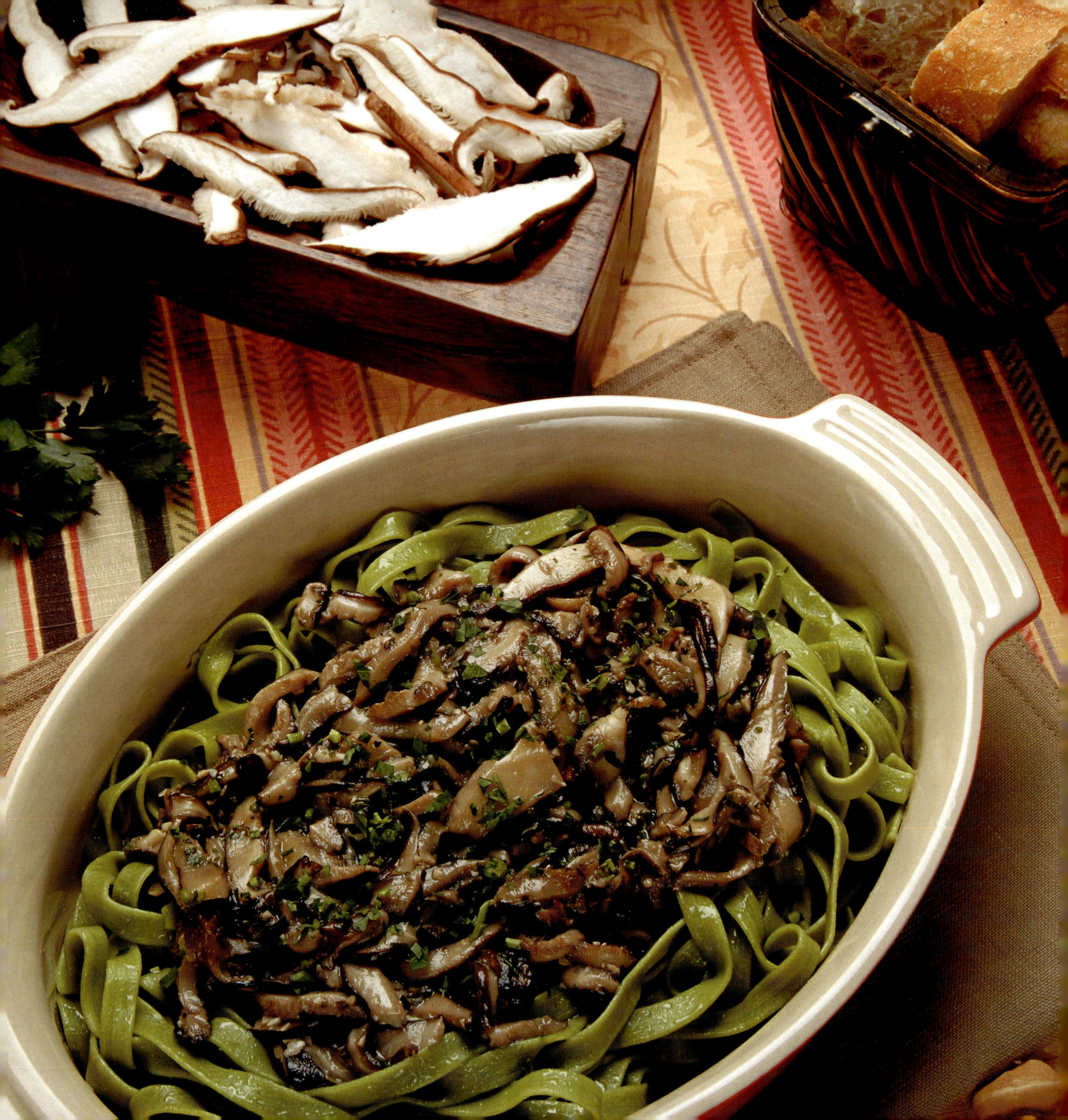

350 g cogumelos shitake

40 ml azeite de extra virgem de oliva

10 g alho fatiado

5 g salsinha picada a gosto

800 g fettuccine verde fresco

MODO DE PREPARO: Tire os talos dos cogumelos e corte-os em tiras finas. Coloque o azeite e o alho em um tacho e deixe dourar em fogo médio alto. Adicione o cogumelo, salpique sal e salsinha e mexa bem. Continue mexendo até que o suco do cogumelo se evapore. Deixe cozinhar por mais alguns minutos. Experimente e corrija o sal. Em uma frigideira, coloque um pouco de manteiga e deixe derreter. Adicione o fettuccine cozido e o cogumelo e misture por alguns minutos. Salpique um pouco de salsinha e sirva.

RENDIMENTO: 4 porções

Fettuccine

Ai Funghi Trifolati

400 g coxão duro limpo em bifes de 100 g

125 g queijo parmesão ralado

20 g uvas passas

10 g alho moído

10 g salsinha picada

80 g toucinho defumado cortado pedaços de 20 g

850 g molho de tomates

900 g fusilli fresco

MODO DE PREPARO: Bata os bifes e reserve-os. Em uma vasilha coloque o queijo ralado, o alho moído, a salsinha e as uvas passas. Misture bem os ingredientes e reserve. Pegue uma pequena porção do recheio, aperte levemente e acomode no centro do bife. Adicione um pedaço de toucinho e enrole. Feche primeiramente as pontas com 2 palitos e depois o centro, de forma que o recheio não escape. Em uma panela rasa, coloque óleo e deixe aquecer. Coloque as braciolas e deixe-as fritar por igual, virando-as de vez em quando. Assim que estiverem prontas, coloque-as em uma peneira aberta para que escorra o excesso de óleo. Reserve-as. Em uma panela, aqueça o molho de tomates e coloque as braciolas. Deixe-as cozinhar por aproximadamente 30 minutos em fogo médio. Coloque o fusilli cozido em um prato fundo e adicione uma braciola no centro e cubra com molho de tomates. Polvilhe com queijo parmesão ralado e sirva.

RENDIMENTO: 4 porções

Fusilli

Con Braciola

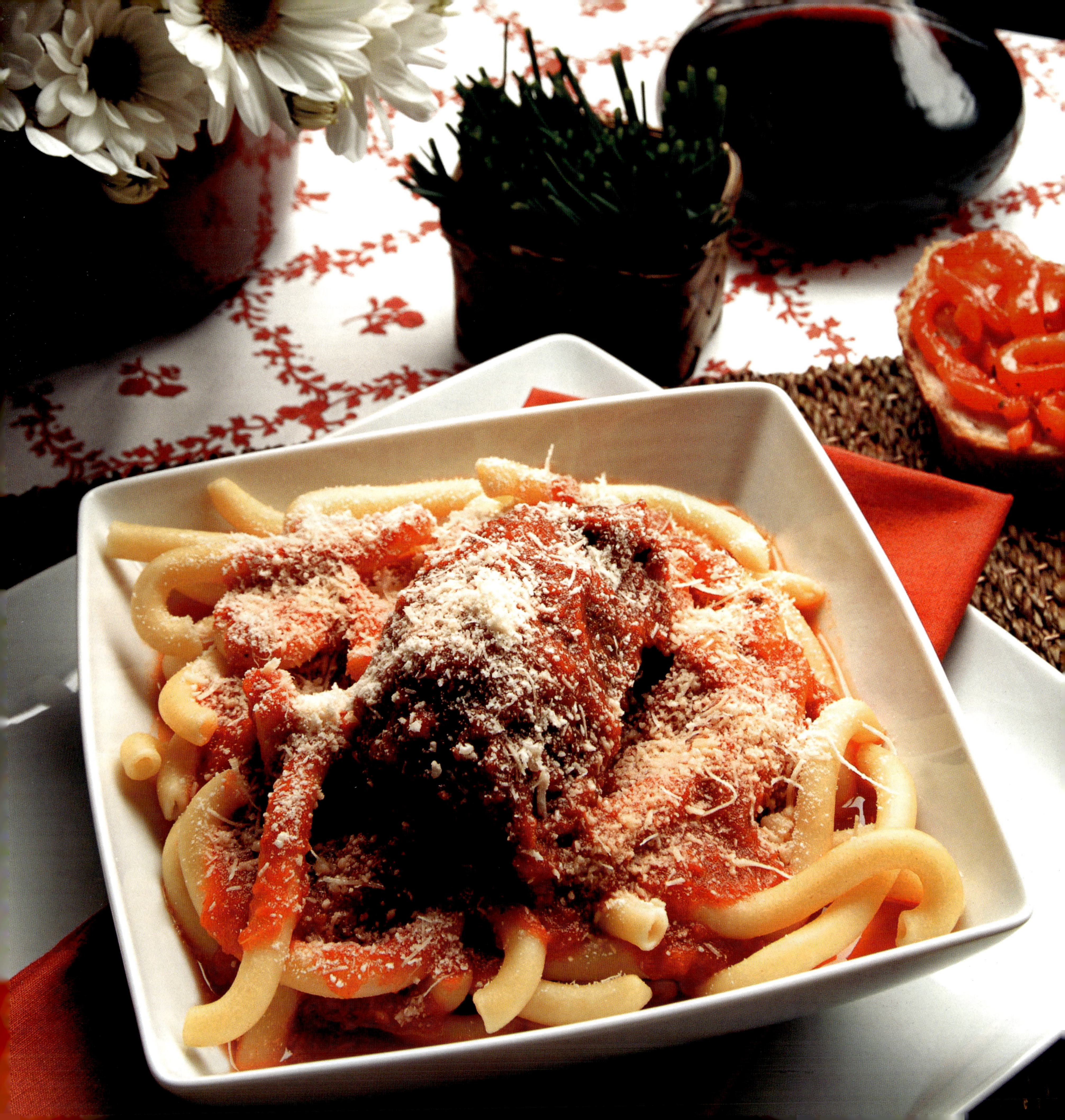

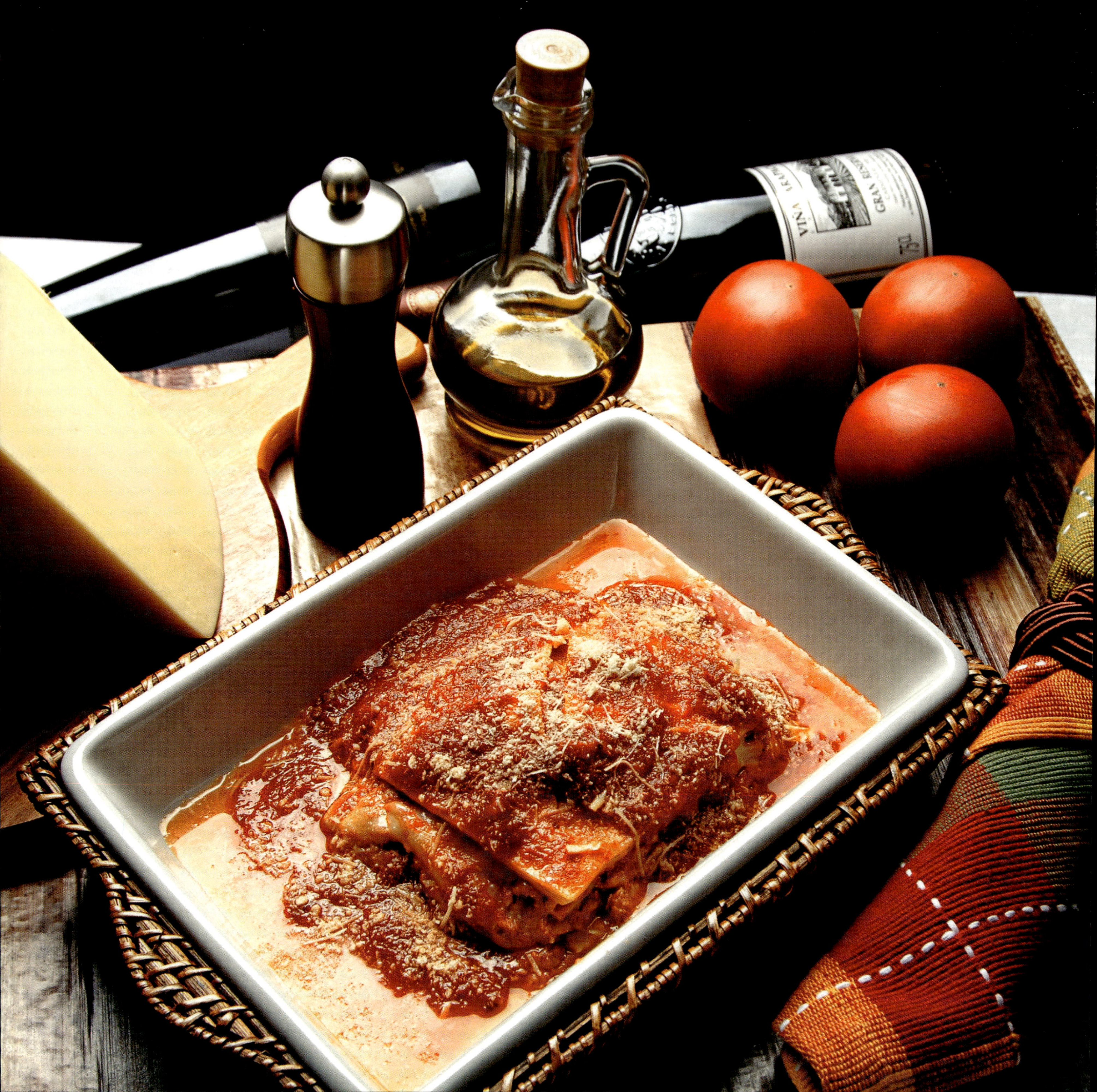
VIÑA
GRAN
75cl

MASSA
160 g massa fresca

RECHEIO
200 g carne moída refogada / 120 g ricota espremida / 50 g queijo parmesão ralado
50 g mussarela picada / 80 g molho de tomate

MONTAGEM
400 g mussarela fatiada / 400 g molho de tomate / 100 g queijo parmesão ralado

MODO DE PREPARO: Inicie a preparação pela carne moída, refogando-a em azeite, cebola picada e alho moído. Salgue a gosto e polvilhe um pouco de salsinha picada. Quando estiver fria, coloque-a em uma vasilha, adicione a ricota, o queijo parmesão ralado, a mussarela picada e o molho de tomate. Misture bem e reserve. Cozinhe a massa "al dente" em água fervente com sal a gosto. Retire-a com uma escumadeira leve e coloque-a em uma vasilha com água fria. Em uma assadeira retangular média inicie a montagem, colocando uma concha de molho de tomate e espalhando bem por toda fôrma. A primeira camada é de massa; adicione uma concha de molho sugo e um pouco de queijo parmesão ralado. Na segunda, coloque uma parte do recheio e espalhe delicadamente. Adicione mais uma concha de molho de tomate e queijo parmesão ralado. A terceira camada é de mussarela fatiada. Disponha as fatias de maneira que cubra toda a área da assadeira. Espalhe mais uma concha de molho de tomate e polvilhe queijo parmesão ralado. Repita as camadas na mesma seqüência até que terminem os ingredientes. A última camada deve ser de mussarela coberta por uma boa quantidade de molho de tomate e queijo parmesão ralado. Cubra com papel alumínio e leve ao forno médio por aproximadamente 30 minutos. Retire o papel e deixe gratinar a superfície.

RENDIMENTO: 4 porções

Lasagna
Al Sugo

250 ml creme de leite fresco

125 ml leite integral

15 g farinha de trigo

80 g funghi trifolatti

30 g cebola picada

5 g alho picado

20 ml azeite extra virgem de oliva

20 g manteiga

salsinha picada a gosto

sal a gosto

920 g linguine fresco

queijo parmesão ralado a gosto

MODO DE PREPARO: Coloque o azeite, a manteiga, a cebola e o alho em uma panela em fogo médio e deixe dourar. Adicione o creme de leite e o funghi trifolati e mexa bem. Junte o sal e a salsinha e mexa por alguns minutos. Em um recipiente, coloque a farinha e o leite e bata com um mixer até que a mistura fique homogênea. Reserve. Quando o molho de funghi ferver, adicione a mistura batida e abaixe o fogo. Mexa bem até que o molho engrosse. Desligue o fogo. Em uma frigideira, coloque um pouco de manteiga e deixe derreter. Adicione o linguine cozido e o molho e misture por alguns minutos. Sirva com queijo parmesão ralado.

RENDIMENTO: 4 porções

Linguine
Alla Crema con Funghi

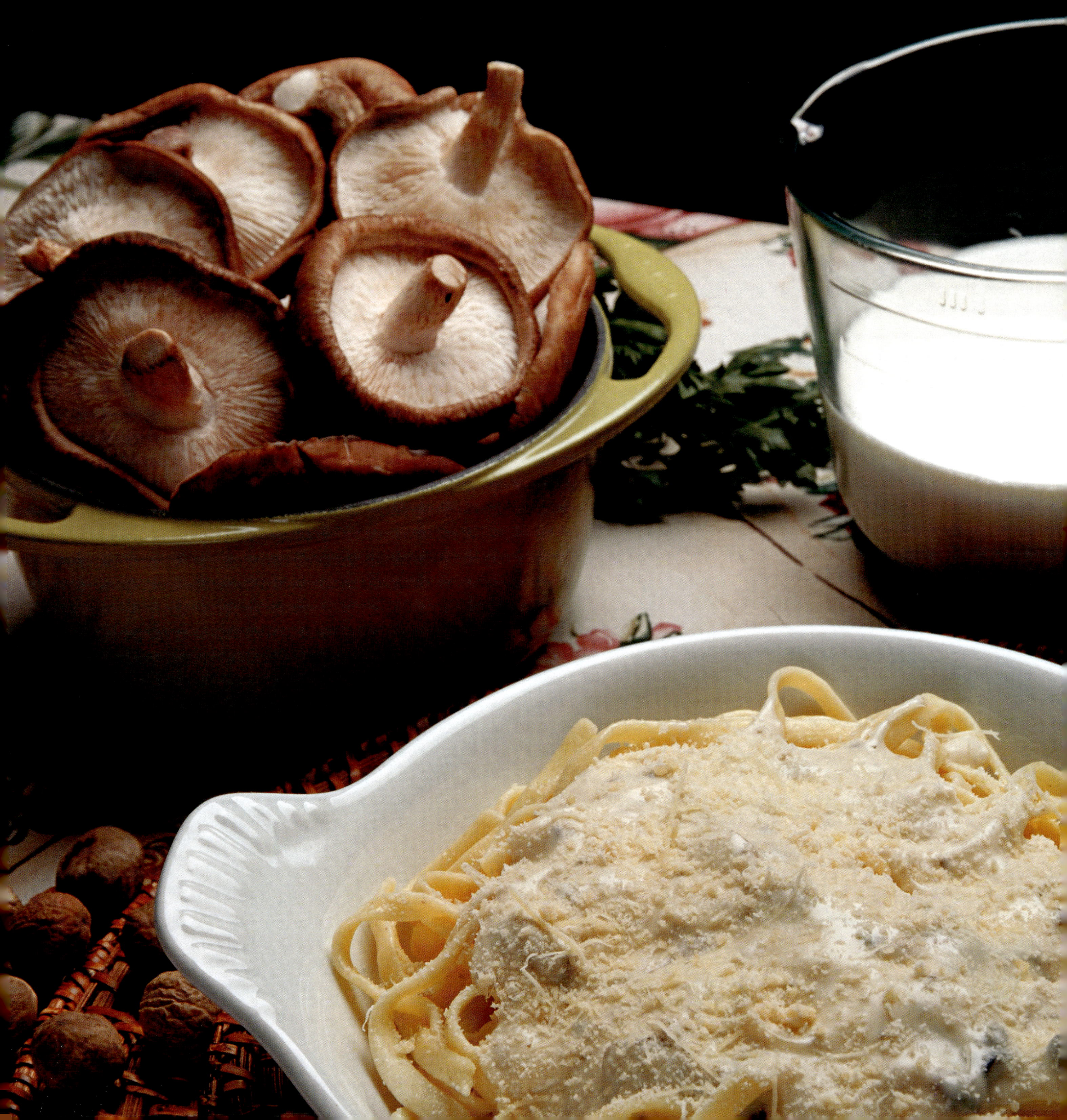

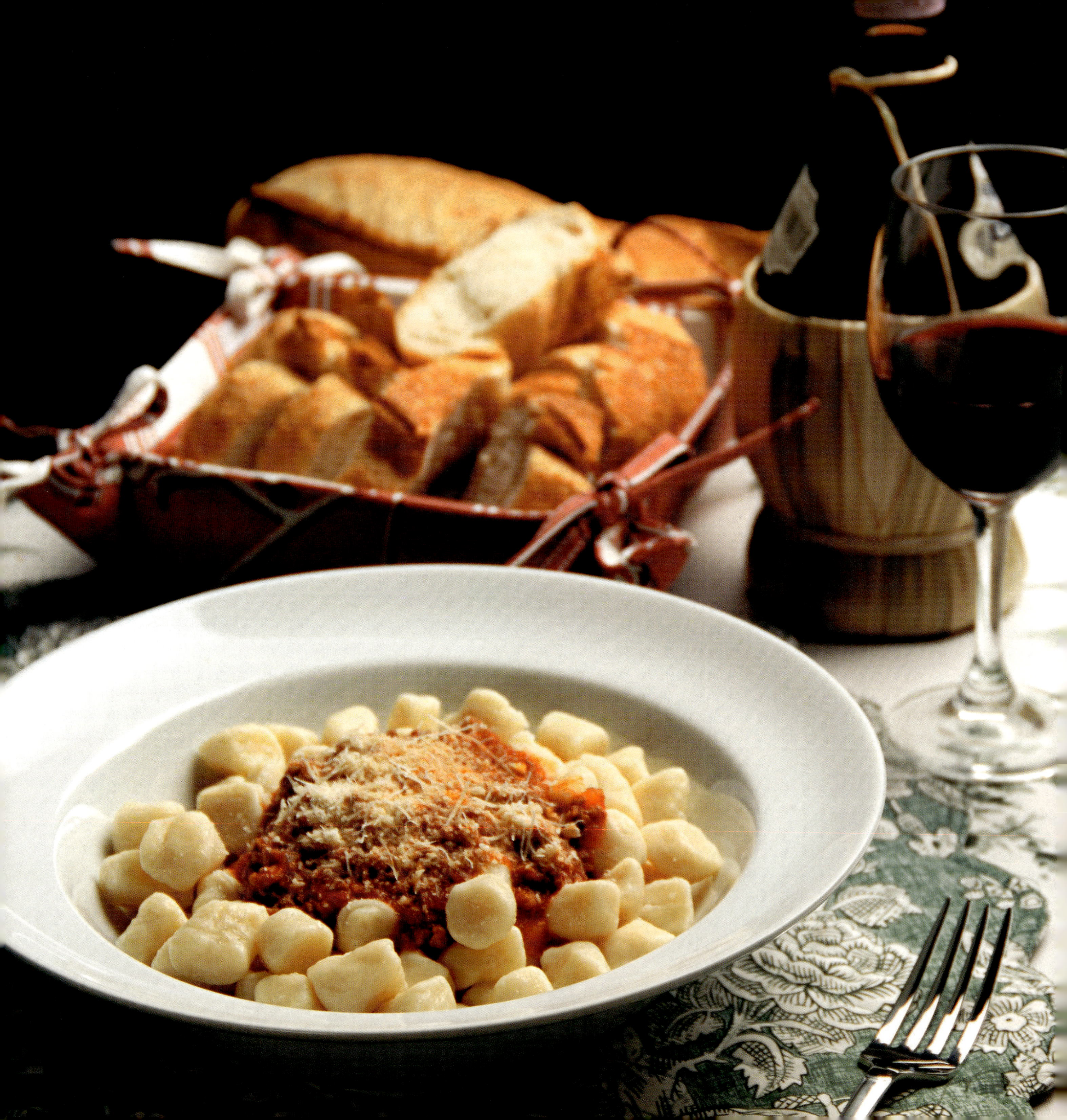

MASSA

500 g batatas cozidas em água e sal e espremidas / 250 g farinha de trigo / 1 ovo / 50 g manteiga

MODO DE PREPARO

Coloque em uma batedeira as batatas, o ovo e a manteiga e ligue. Aos poucos, adicione a farinha até que a massa fique uniforme e macia. Coloque a massa na mesa, sobre um pouco de farinha de trigo peneirada. Faça rolinhos na espessura de um dedo e corte-os em pequenos pedaços. Polvilhe sempre com farinha para que os nhoques não grudem. Coloque os nhoques em um peneira para tirar o excesso de farinha e reserve-os. Leve uma panela grande com água até a fervura, junte sal e vá colocando os nhoques aos poucos. Com uma escumadeira leve, mexa para que não grudem. Assim que subirem à superfície, retire-os com a escumadeira e coloque-os em uma travessa. Reserve-os.

MOLHO

220 g coxão mole limpo / 20 g mortadela em pedaços / 30 g cebola picada / 15 g alho moído
50 ml azeite extra virgem de oliva / 25 g manteiga / 25 g cenoura triturada / molho inglês
salsinha e cebolinha picadas a gosto / folhas de louro / sal e pimenta do reino a gosto
80 ml caldo de carne / 400 g molho de tomate / queijo parmesão ralado a gosto

MODO DE PREPARO

Passe a carne por uma máquina de moer com a mortadela. Coloque o azeite, a manteiga, a cebola, o alho e a cenoura em uma panela, e deixe dourar. Adicione a carne moída e misture aos temperos. Junte o sal, a pimenta, a salsinha, a cebolinha, o molho inglês e as folhas de louro e mexa bem. Quando a carne estiver levemente frita, adicione o caldo de carne e deixe cozinhar por 5 minutos. Adicione o molho de tomate. Quando começar a ferver, abaixe o fogo e deixe apurar por aproximadamente 30 minutos, mexendo de vez em quando. Coloque o molho sobre os nhoques, adicione queijo parmesão ralado e sirva.

RENDIMENTO: 4 porções

Gnocchi
Alla Bolognesa

220 g filé mignon limpo cortado em cubos / 50 g cogumelos / 40 g azeitonas pretas
40 g cebola picada / 10 g alho moído / 50 ml azeite extra virgem de oliva
40 g manteiga / 40 g cenoura triturada / 40 ml vinho tinto / salsinha picada a gosto
cebolinha picada a gosto / sal a gosto / pimenta do reino a gosto
480 g molho de tomates / 1 Kg pappardelle fresco
queijo parmesão ralado a gosto

MODO DE PREPARO: Coloque o azeite, a manteiga, a cebola, o alho e a cenoura em uma panela que retenha o calor, em fogo médio alto, e deixe dourar. Adicione os cogumelos e mexa bem. Coloque então a carne cortada e misture aos temperos. Junte o sal, a pimenta, a salsinha, a cebolinha, as azeitonas e mexa bem. Quando a carne estiver levemente frita, adicione o vinho tinto e deixe evaporar. Coloque o molho de tomates, as azeitonas e deixe ferver. Abaixe o fogo e deixe apurar por aproximadamente 30 minutos, mexendo de vez em quando. Em uma frigideira, coloque um pouco de manteiga e deixe derreter. Adicione o pappardelle cozido e o molho, misture por alguns minutos. Sirva com queijo parmesão ralado.

RENDIMENTO: 4 porções

Pappardelle
Al Ragù

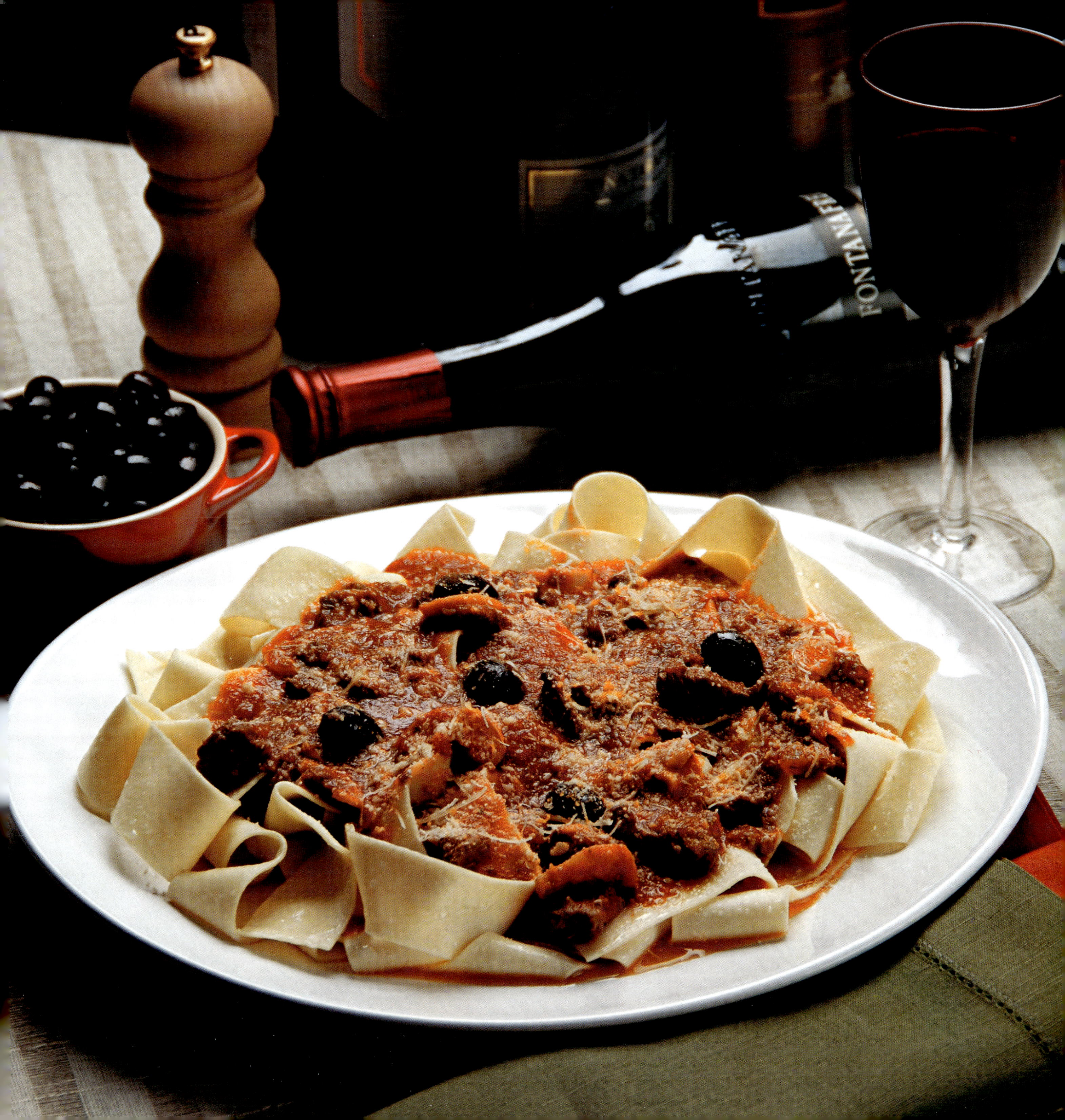

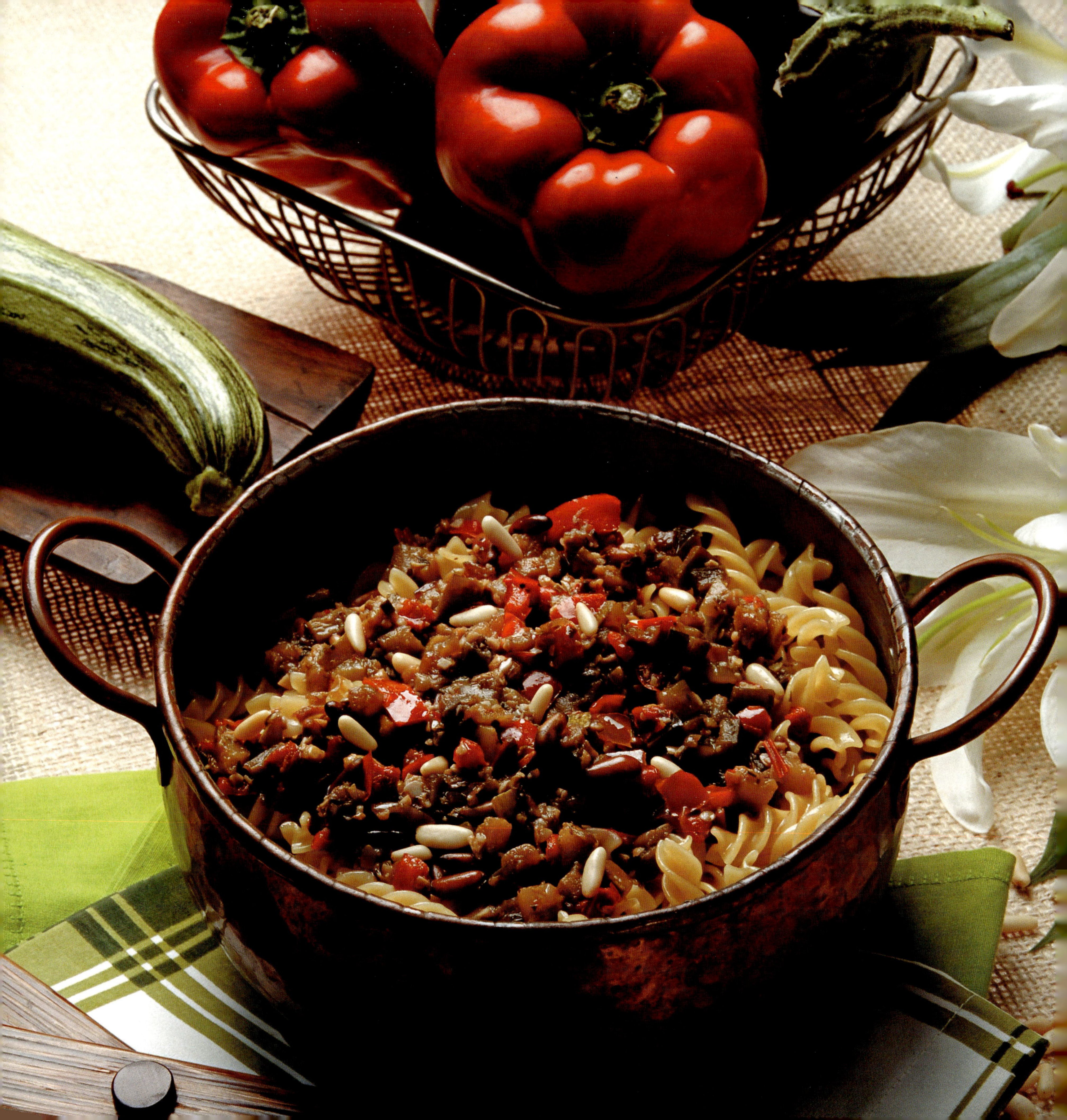

40 g pinholes
200 g pimentão vermelho cortado em cubos (1cm)
200 g berinjela cortada em cubos (1cm)
250 g abobrinha cortada em cubos (1cm)
70 g cebola picada
30 g alho picado
15 ml aceto balsâmico
250 ml azeite extra virgem de oliva
salsinha picada a gosto
sal a gosto
orégano a gosto
800 g tortiglione fresco ou seco

MODO DE PREPARO: Coloque os pinholes em uma assadeira e leve no forno até que fiquem dourados. Reserve. Coloque os legumes em 3 vasilhas rasas, salgue-os levemente e deixe que eliminem seu suco. Reserve. Em uma caçarola de ferro fundido, coloque o azeite, a cebola e o alho em fogo médio alto e deixe dourar. Adicione primeiramente o pimentão, mexa bem e deixe cozinhar por aproximadamente 8 minutos. Adicione então a abobrinha e cozinhe por mais 8 minutos. Mexa sempre para que os legumes não grudem na panela. Finalmente coloque a berinjela e deixe por mais 8 minutos. Abaixe o fogo, adicione os pinholes, o aceto balsâmico e salpique a salsinha e o orégano. Misture bem e corrija o sal. Em uma frigideira, coloque um pouco de manteiga e deixe derreter. Adicione o tortiglione cozido e o molho, misture por alguns minutos e sirva.

RENDIMENTO: 4 porções

Tortiglione

Tresapori

650 g brócolis japonês
250 ml azeite extra virgem de oliva
50 g alho fatiado
50 g azeitonas pretas
bicarbonato de sódio
sal a gosto
800 g penne de grano duro

MODO DE PREPARO: Corte os ramos maiores dos brócolis e lave-os em água corrente. Leve uma panela com aproximadamente dois litros de água à fervura. Adicione sal e coloque os brócolis. Salpique um pouco de bicarbonato de sódio para que fiquem bem verdinhos. Com uma escumadeira leve, vá afundando os ramos e mexendo lentamente para que todos cozinhem por igual. Quando a água voltar a ferver, tire os ramos e coloque-os em um escorredor aberto. Deixe esfriar e corte-os seguindo o formato dos talos para que os raminhos não se desfaçam. Coloque o azeite e o alho em uma frigideira grande e deixe o alho dourar em fogo médio alto. Adicione o brócolis, as azeitonas, misture bem e corrija o sal. Deixe cozinhar por alguns minutos e adicione o penne cozido, misture novamente, deixe apurar um pouco e sirva.

RENDIMENTO: 4 porções

Penne

Con Broccoli

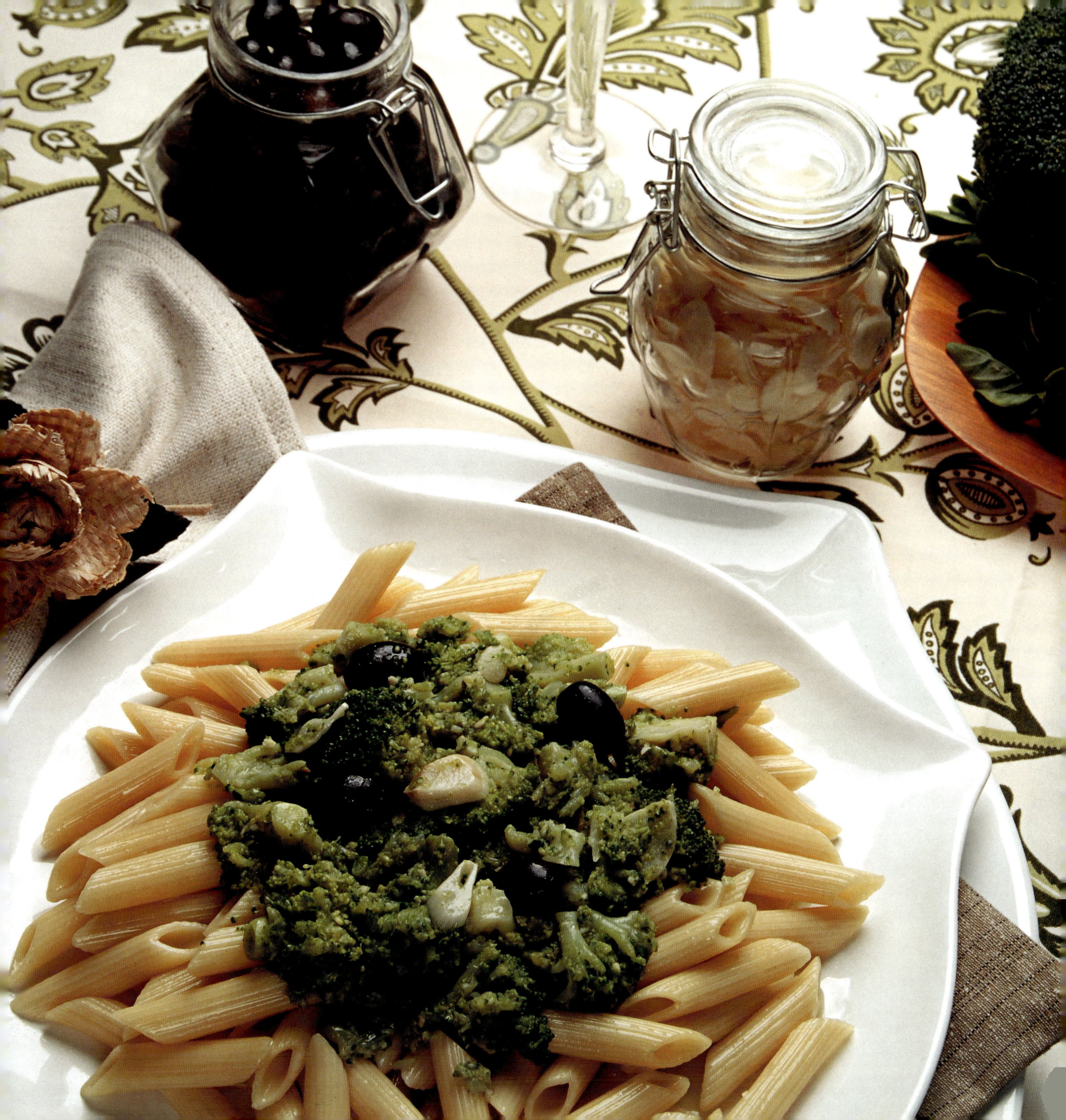

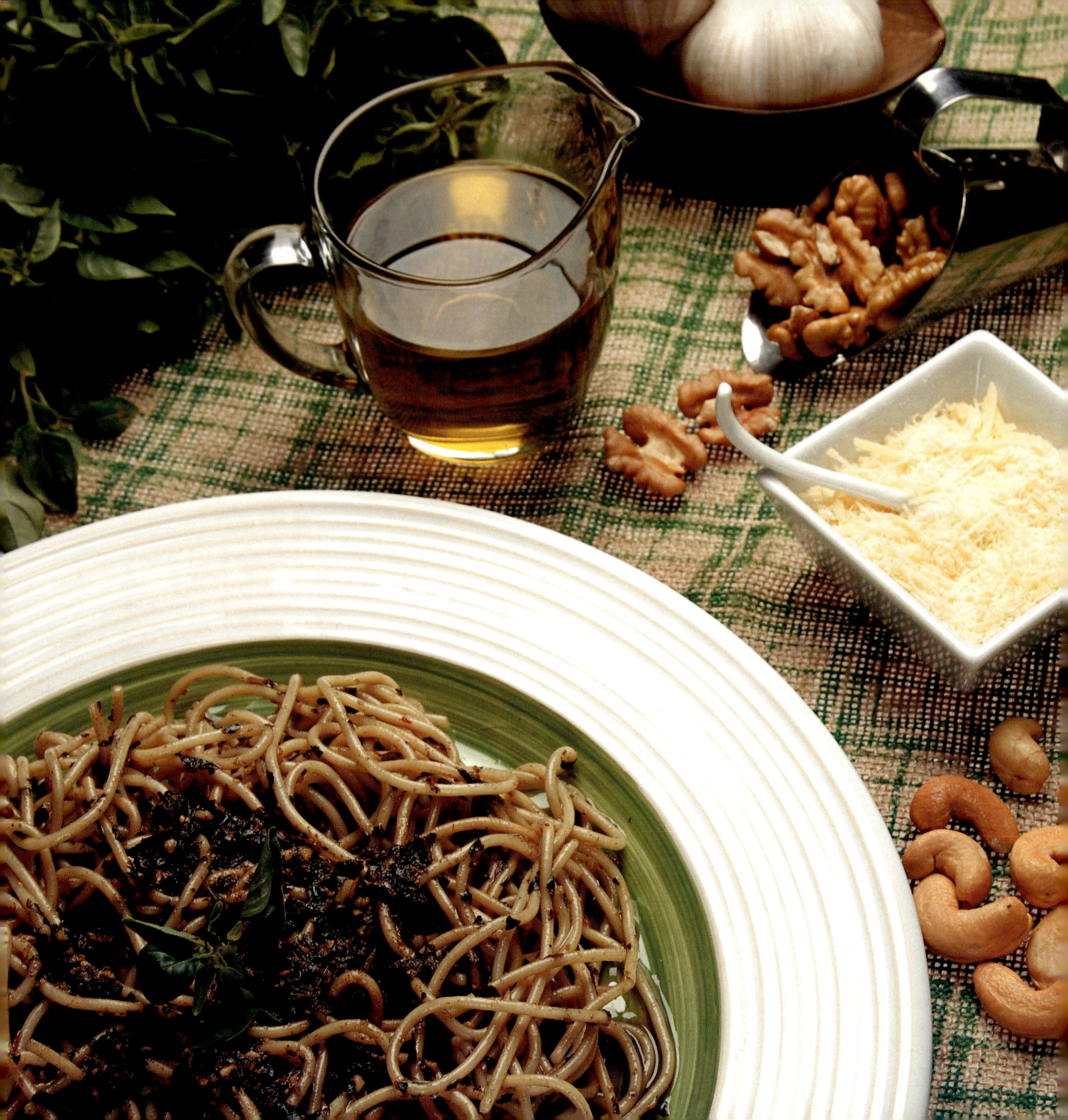

40 g folhas de manjericão
150 ml azeite extra virgem de oliva
20 g nozes sem casca
20 g castanhas de cajú
10 g alho fatiado
sal a gosto
queijo parmesão ralado a gosto
900 g spaghetti de grano duro

MODO DE PREPARO: Lave o manjericão em água corrente e enxugue-o. Coloque o azeite, as nozes, as castanhas, o sal e o alho em um liquidificador e bata por alguns segundos. Aos poucos, adicione as folhas de manjericão até obter uma consistência uniforme. Adicione então o queijo ralado, bata por mais alguns segundos e desligue. Em uma frigideira, coloque um pouco de manteiga e deixe derreter. Adicione o spaghetti cozido e o molho e misture por alguns minutos. Adicione um pouco mais de queijo parmesão ralado e sirva.

RENDIMENTO: 4 porções

Spaghetti Al Pesto

800 g filé mignon limpo (4 filés de 200 g)

sal a gosto

300 g farinha de rosca de pão torrado

2 ovos batidos

800 g molho de tomate

queijo parmesão ralado a gosto

MODO DE PREPARO: Bata levemente os filés com martelo de carnes e polvilhe com sal. Passe-os nos ovos batidos e em seguida na farinha de rosca, comprimindo-os um pouco com as mãos dos dois lados. Reserve-os. Coloque óleo em uma frigideira e quando estiver bem quente coloque os filés, deixando-os dourar dos dois lados. Retire-os e deixe-os escorrer por alguns minutos em papel toalha. Coloque-os em uma travessa, cubra com molho de tomate e polvilhe com queijo parmesão ralado.

RENDIMENTO: 4 porções

Filetto
Alla Parmigiana

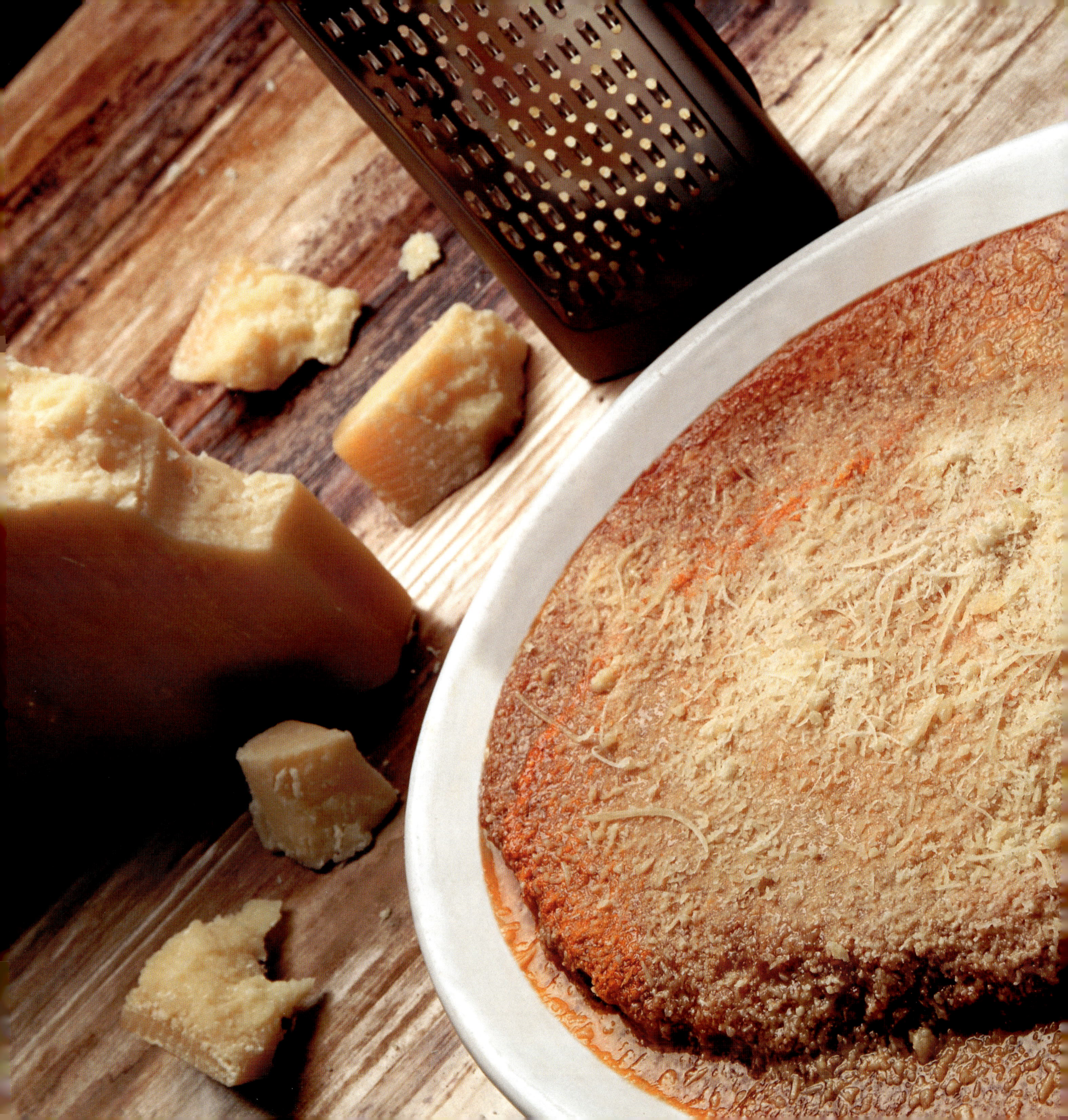

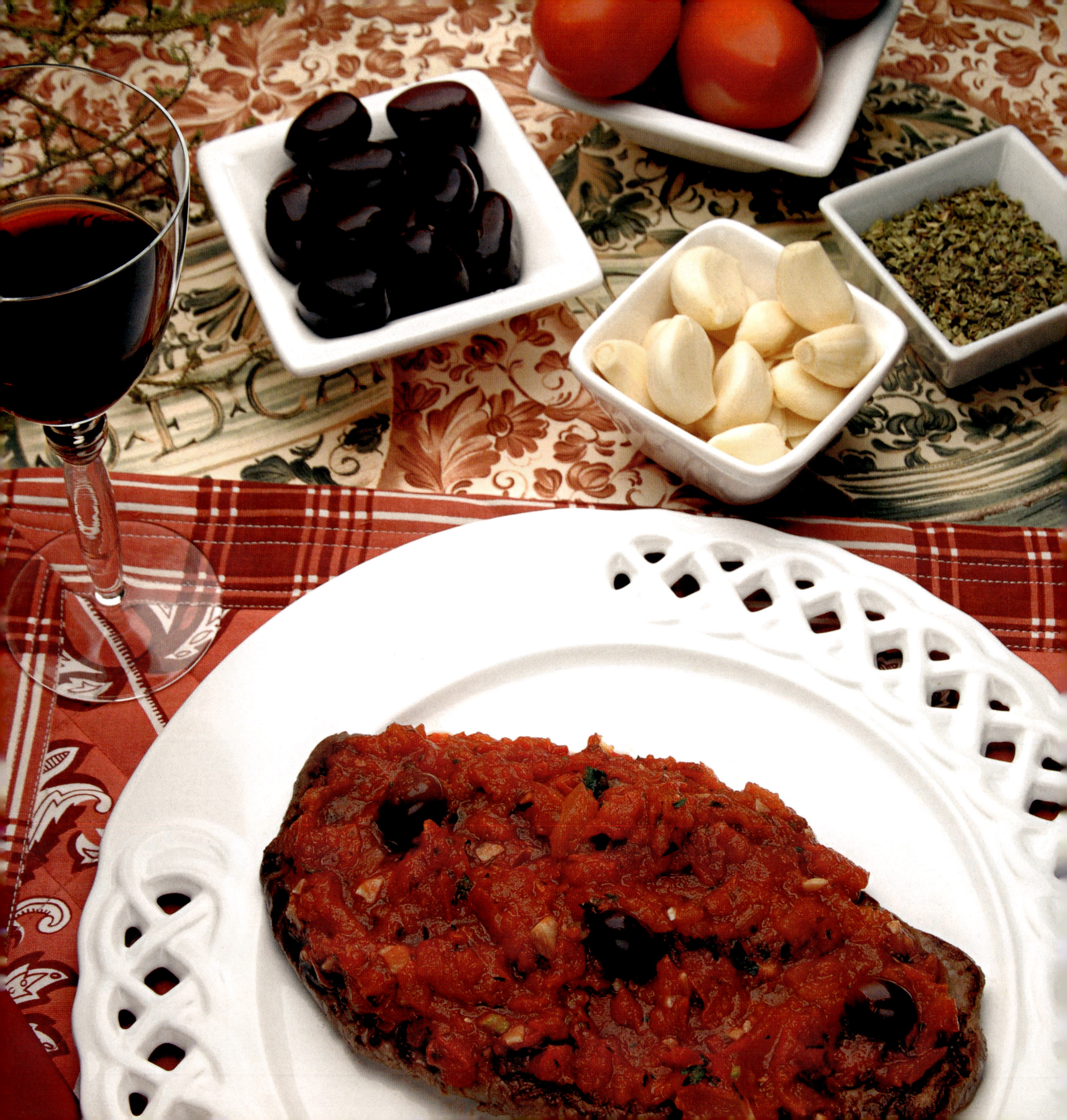

1,2 Kg filé mignon limpo (4 filés de 300 g)
750 g tomate italiano sem semente, cortado em cubos
25 ml azeite extra virgem de oliva
20 g alho fatiado
20 g cebola picada
10 g salsinha picada
10 g orégano
10 g açúcar
sal a gosto
40 g azeitonas pretas

MODO DE PREPARO: Bata levemente os filés com martelo de carnes e polvilhe com sal. Reserve-os. Coloque os tomates em uma vasilha rasa. Adicione o sal e o açúcar e deixe descansar por alguns minutos até que o suco se solte. Em uma panela grande, coloque o azeite, a cebola e o alho e deixe dourar. Com uma escumadeira leve, vá adicionando os tomates sem a água. Junte o orégano e a salsinha e mexa delicadamente para que todos os ingredientes se misturem bem. Deixe cozinhar por 40 minutos em fogo médio, mexendo de vez em quando. Adicione as azeitonas, misture e deixe cozinhar por mais 5 minutos. Experimente e corrija o sal. Desligue o fogo e deixe-o descansar por aproximadamente 10 minutos. Em uma frigideira coloque um pouco de manteiga e deixe aquecer. Coloque os filés, deixe-os dourar bem de um lado, para então virá-los e dourar do outro. Coloque-os em uma travessa, espalhe o molho sobre eles e sirva. Se desejar, pode adicionar um pouco de funghi trifolatti sobre o molho pizzaiola.

RENDIMENTO: 4 porções

Filetto Alla Pizzaiola

1,5 Kg frango cortado em pedaços pequenos

0,5 limão espremido

50 ml vinho branco

50 g alho moído

50 g alho fatiado

salsinha picada a gosto

orégano a gosto

sal a gosto

MODO DE PREPARO: Coloque os pedaços de frango em uma vasilha e adicione o sal, o alho moído, o orégano e a salsinha. Despeje o suco de limão e o vinho branco. Tampe a vasilha e deixe apurar os temperos por pelo menos 2 horas. Em uma frigideira, aqueça bastante óleo e coloque os pedaços de frango. Deixe-os fritar por alguns minutos e adicione o alho fatiado. Quando estiverem bem dourados, retire-os com uma escumadeira leve, coloque-os em uma travessa e polvilhe com salsinha picada.

RENDIMENTO: 4 porções

Polletto Fritto

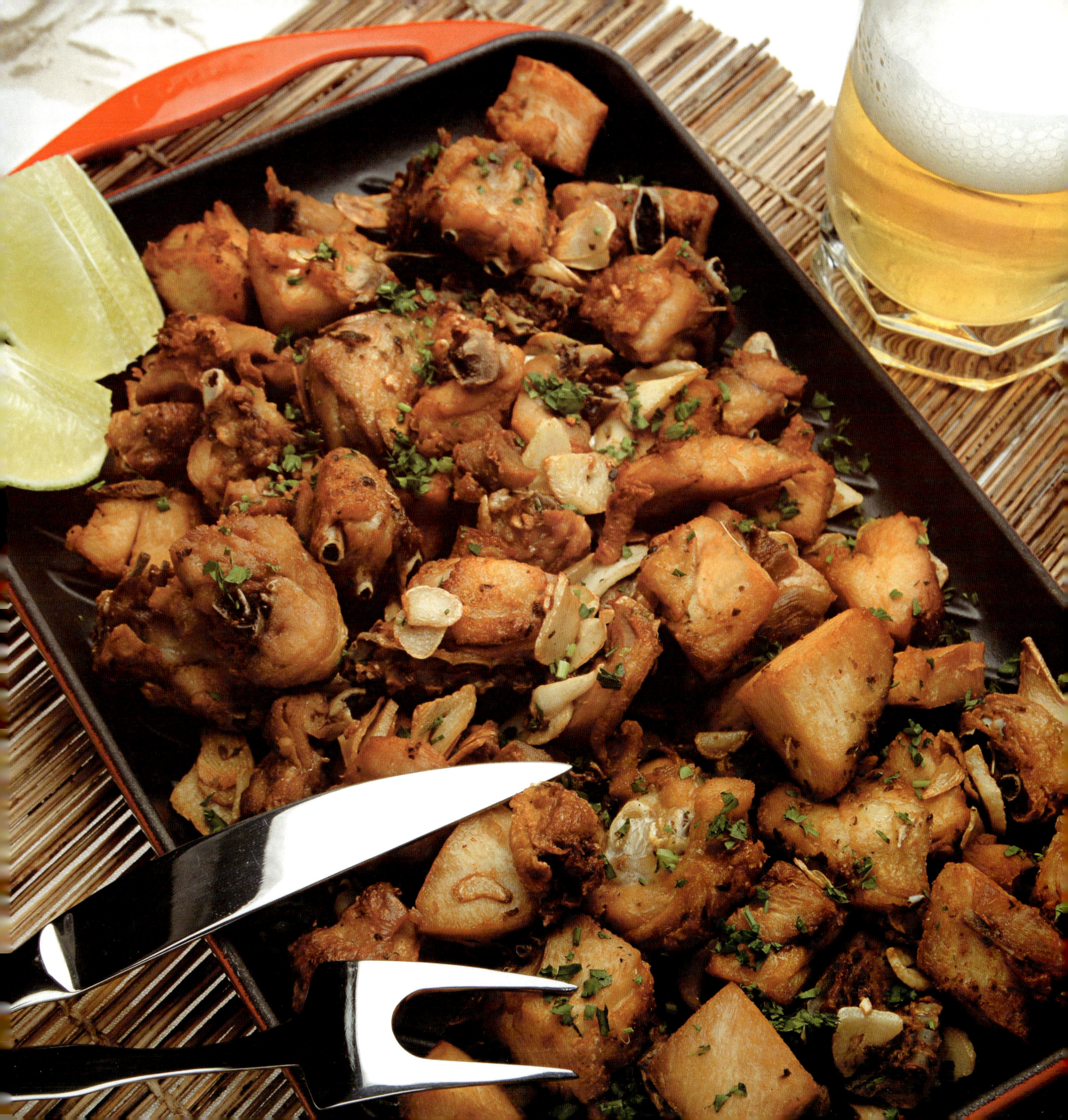

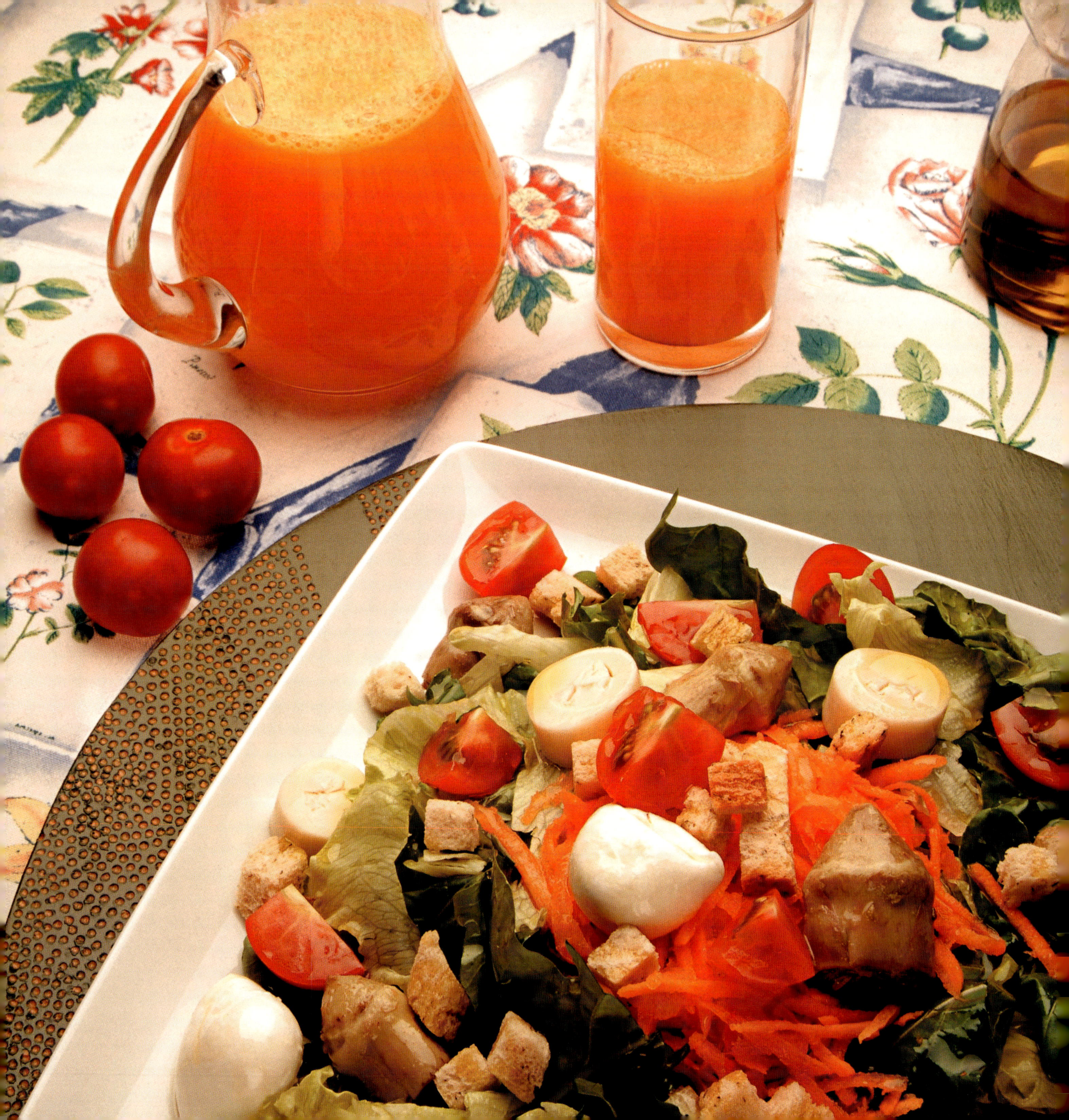

300 g alface americana

150 g rúcula

200 g cenoura ralada

240 g tomate cereja

300 g palmito fatiado

200 g alcachofrinhas temperadas

160 g cerejas de mussarela de búfala

100 g croutons

160 g queijo parmesão em lascas finas

150 ml azeite extra virgem de oliva

20 g mostarda

1/4 limão espremido

orégano a gosto

sal a gosto

MODO DE PREPARO: Lave bem as folhas em água corrente e deixe secando em um escorredor. Corte em pedaços de tamanho médio e reserve. Lave bem as cenouras, raspe as cascas e passe em um ralador médio. Reserve. Lave os tomates e corte-os ao meio. Reserve. Para fazer o molho, coloque em uma vasilha pequena, a mostarda e o limão e misture bem. Adicione o azeite, sal e orégano a gosto. Misture bem e reserve. Em uma saladeira, coloque a alface, a rúcula, a cenoura, o tomate, o palmito, a mussarela de búfala, a alcachofrinha, o crouton e o parmesão. Adicione o molho e sirva.

RENDIMENTO: 4 porções

Insalata Speciale

800 g filé mignon limpo (4 filés de 200 g)

sal a gosto

300 Kg farinha de rosca de pão torrado

2 ovos batidos

200 g rúcula

240 g tomate cereja

200 g cerejas de mussarela de búfala

160 g queijo parmesão em lascas finas

azeite extra virgem de oliva

orégano a gosto

MODO DE PREPARO: Lave bem a rúcula em água corrente e deixe secando em um escorredor. Corte em pedaços de tamanho médio e reserve. Lave os tomates e corte-os ao meio. Reserve. Bata levemente os filés com martelo de carnes e polvilhe com sal. Passe-os nos ovos batidos e em seguida na farinha de rosca, comprimindo-os um pouco com as mãos dos dois lados. Reserve-os. Coloque óleo em uma frigideira e quando estiver bem quente coloque os filés, deixando-os dourar dos dois lados. Deixe-os escorrer por alguns minutos em papel toalha. Em pratos individuais, coloque o filé, sobre ele adicione um pouco de rúcula, tomate, mussarela de búfala e parmesão em lascas. Polvilhe um pouco de sal, orégano e azeite.

RENDIMENTO: 4 porções

Milanese

Caprese

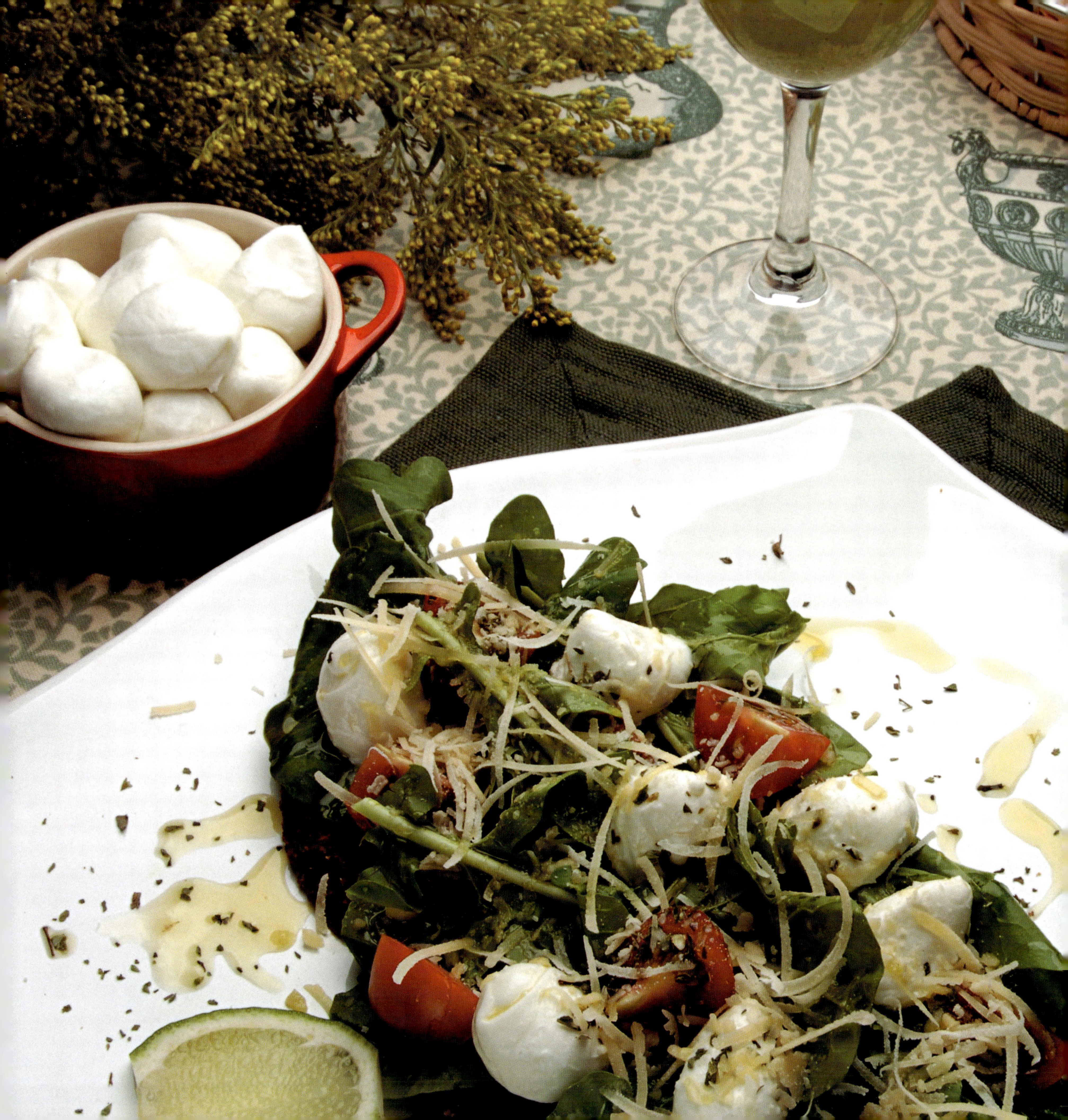

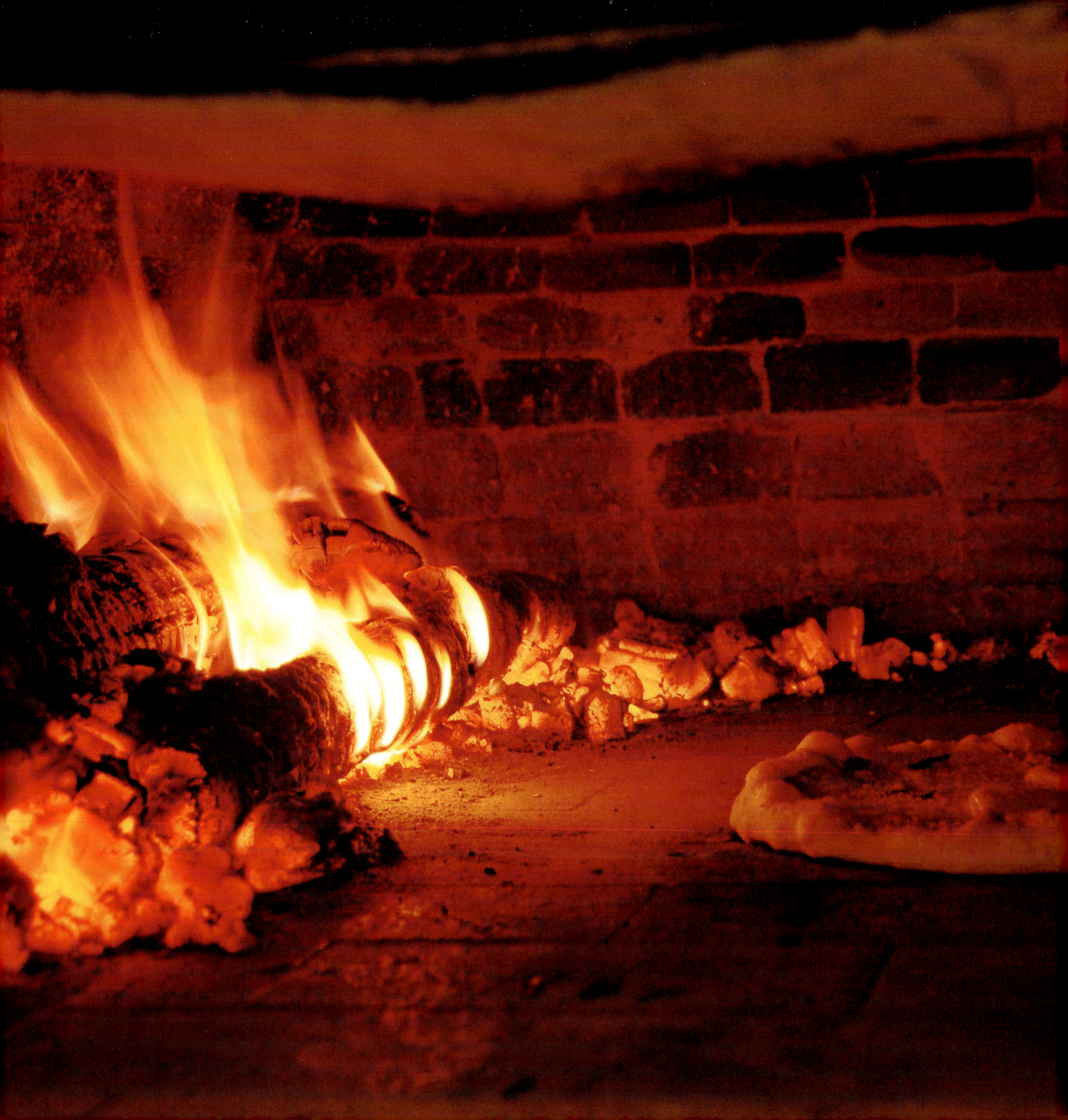

MASSA

40 g fermento biológico fresco
1 coler (sobremesa) açúcar
500 ml azeite oliva extra virgem
2 colheres de (sopa) sal
600 ml água mineral
1,200 kg farinha de trigo

MODO DE PREPARO: Em uma vasilha,coloque o fermento e o açúcar, misture até virar um creme. Adicione a água, o sal e o azeite, e o misture bem com as mãos. Adicione aos poucos a farinha de trigo; misture bem até que a massa fique uniforme(se necessário, adicione um pouco mais de farinha). Coloque um pano úmido sobre a massa e deixe descansar por aproximadamente duas horas, até que a massa cresça. Faça bolas de 400 g e coloque-as em um tabuleiro de madeira polvilhado com farinha de trigo. Deixe descansar por mais uma hora em temperatura ambiente.

MOLHO DE TOMATE

1,500 Kg tomates frescos
4 colherres (sopa) azeite de oliva extra virgem
alho picado a gosto
sal a gosto
orégano a gosto

MODO DE PREPARO: Passe os tomates por um moedor, tempere com sal alho picado e orégano. Misture bem e coloque em uma vasilha.

RENDIMENTO: 4 porções

La Pizza

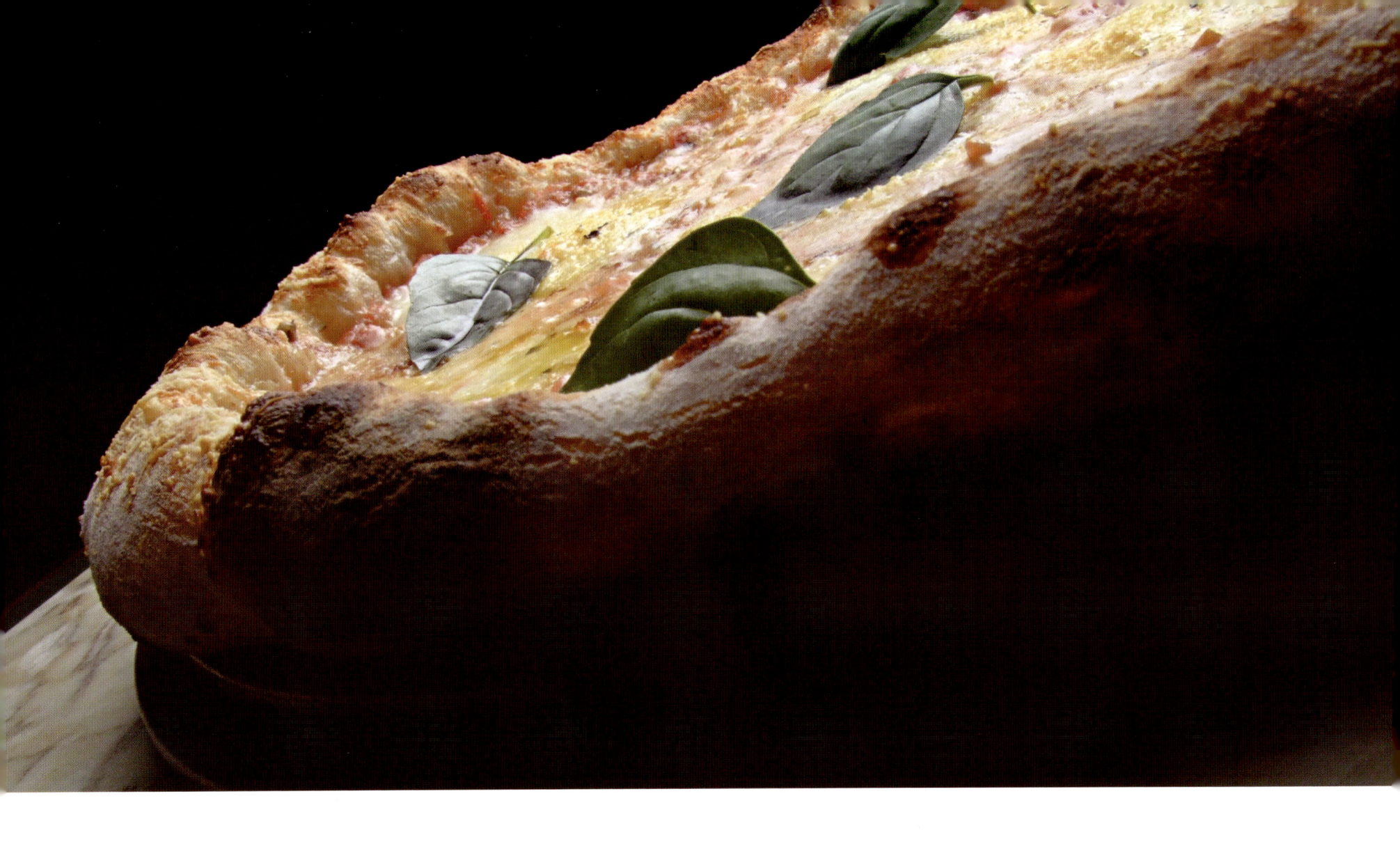

400 g massa para pizza (ver página 133) / 150 g molho temperado (ver página 133) / 250 g mussarela fatiada
100 g queijo parmesão ralado / 08 folhas manjericão frescas / azeite de oliva extra virgem

MODO DE PREPARO: Abra a massa, coloque o molho de tomate e espalhe bem.
Coloque as fatias de mussarela, polvilhe o queijo parmesão ralado e leve ao forno a lenha.
Retire a pizza, adicione as folhas de manjericão e regue com azeite de oliva extra virgem.

Pizza *Margherita*

400 g massa para pizza (ver página 133) / 150 g molho de tomate temperado (ver página 133)
250 g mussarela fatiada / 70 g tomate seco / rúcula a gosto / azeite de oliva extra virgem

MODO DE PREPARO: Abra a massa, coloque o molho de tomate e espalhe bem.
Coloque as fatias de mussarela e o tomate seco e leve ao forno.
Retire a pizza, adicione a rúcula e regue com o azeite de oliva extra virgem.

Pizza *Tricolori*

400 g massa para pizza (ver página 133) / 150 g molho de tomate temperado (ver página 133)
200 g mussarela fatiada / 100 g cogumelos shitake trifolati / 150 g lingüiça calabresa seca fatiada
100 g queijo parmesão ralado / 06 folhas manjericão / azeite de oliva extra virgem

MODO DE PREPARO: Abra a massa, coloque o molho de tomate e espalhe bem.
Coloque as fatias de mussarela, os cogumelos e a lingüiça calabresa. Polvilhe o queijo parmesão e leve
ao forno. Retire a pizza, adicione as folhas de manjericão e regue com azeite de oliva extra virgem.

Pizza *Abbondanza*

400 g massa para pizza (ver página 133) / 150 g molho de tomate temperado (ver página 133)
250 g escarola preparada com alho, azeite e azeitonas pretas / 10 filés de alice

MODO DE PREPARO: Abra a massa, coloque o molho de tomate e espalhe bem.
Cubra com a escarola, espalhe por toda a pizza e adicione os filés de alice. Leve ao forno.

Pizza *Scarola con Alice*

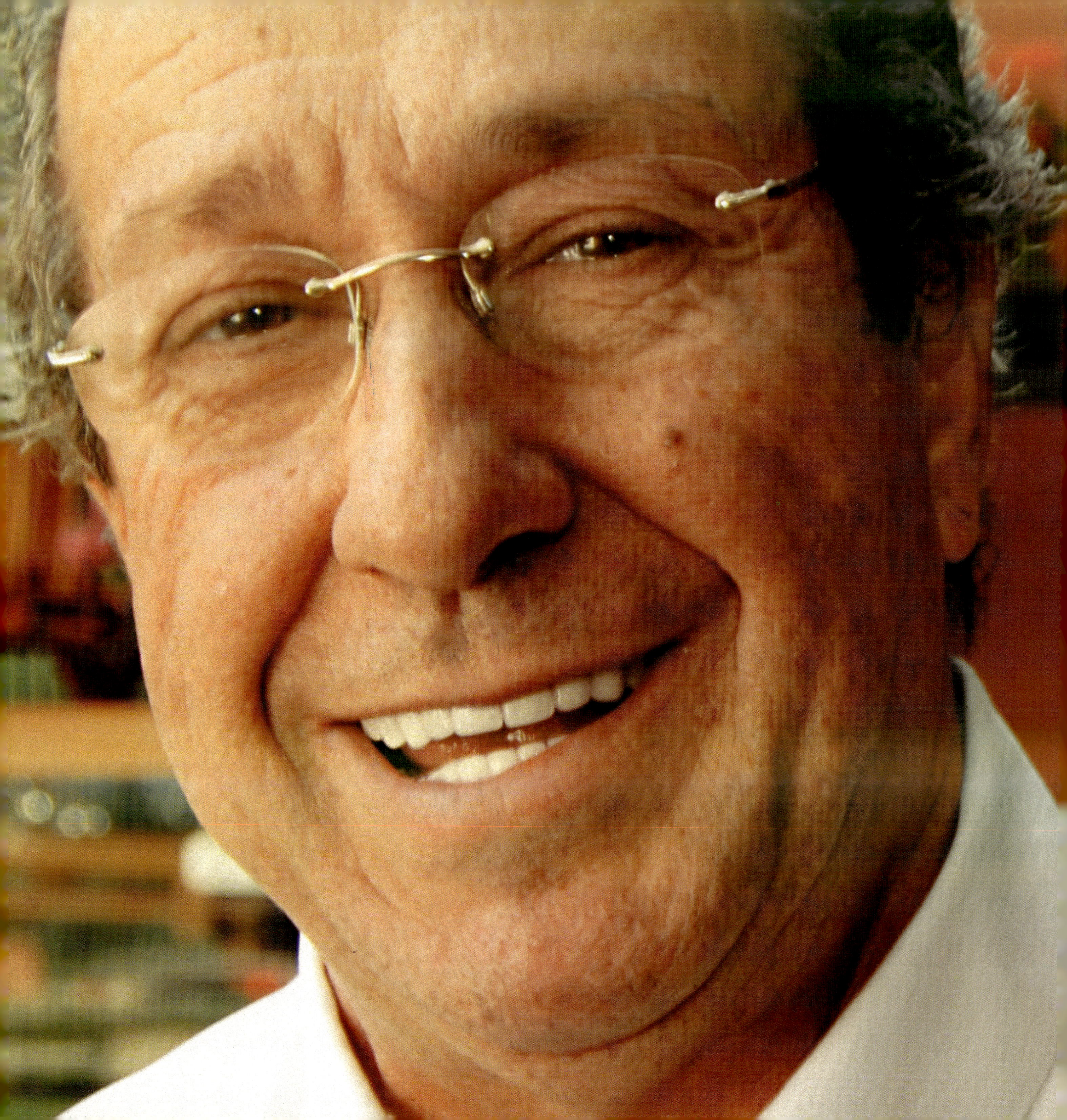

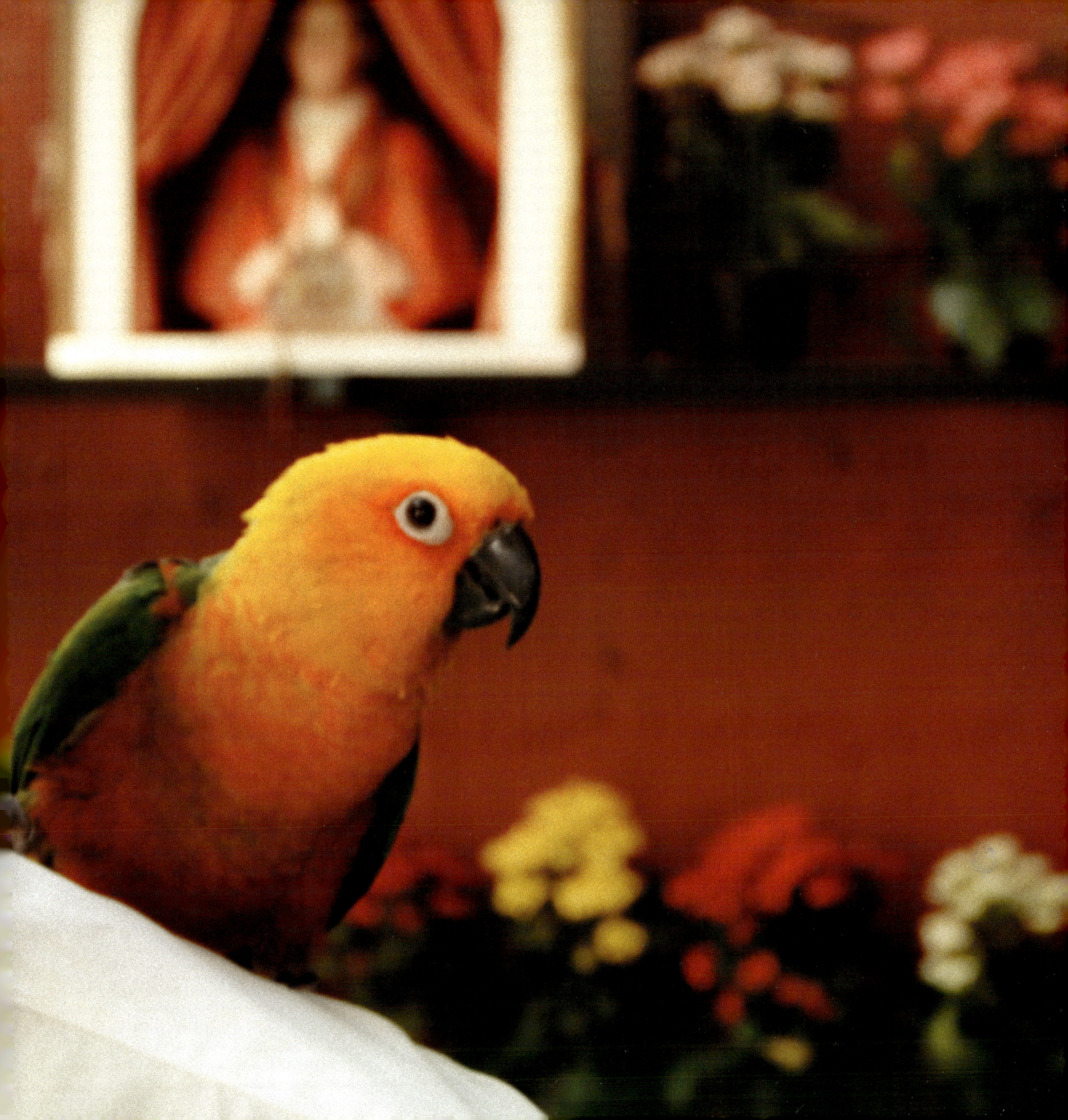

BUONERBA

Segredos de *família*

Peperoni All`Olio .147
Spaghetti Alle Vongoli .148
Carne Pazza .151
Polipo Alla Napoletana .152
Capretto Alla Cacciatora .155

SE FOR PALMEIRENSE
DEUS LHE ABENÇOE
SE NÃO FOR
DEUS LHE PERDOE!

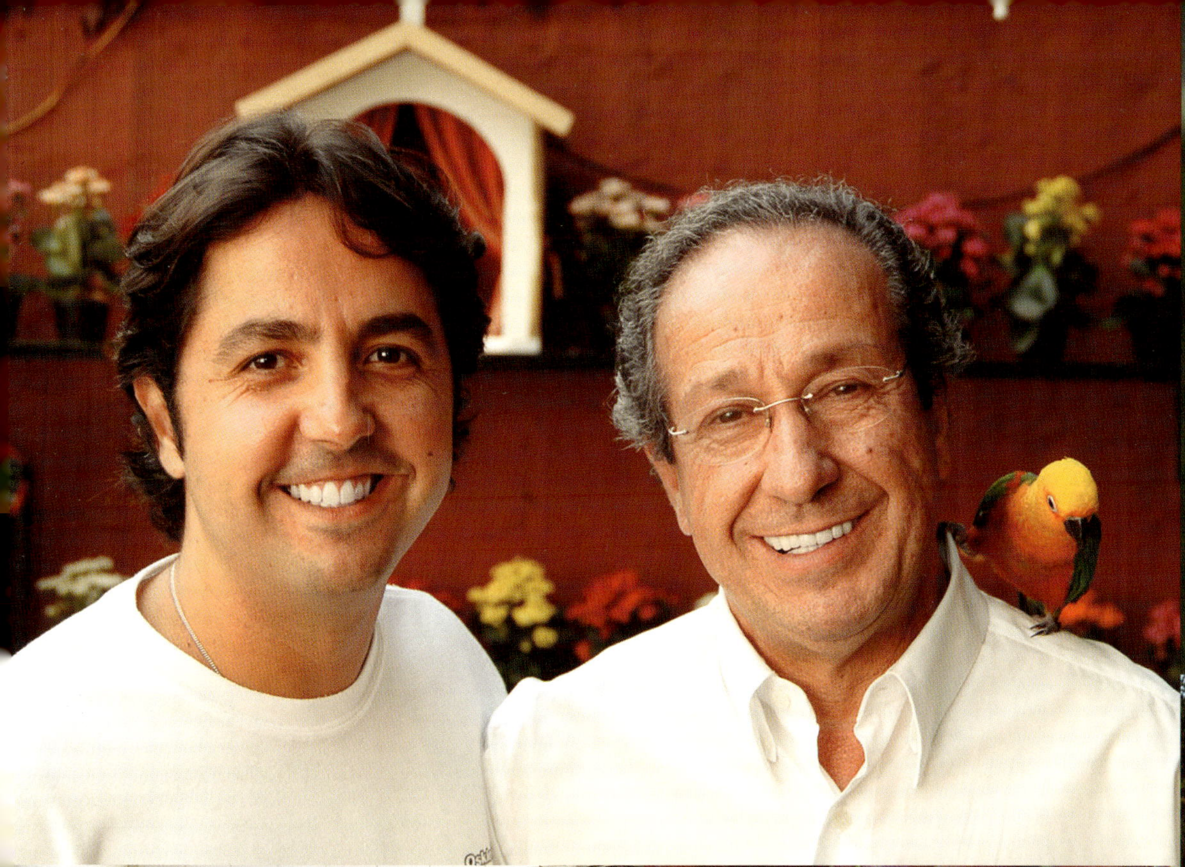
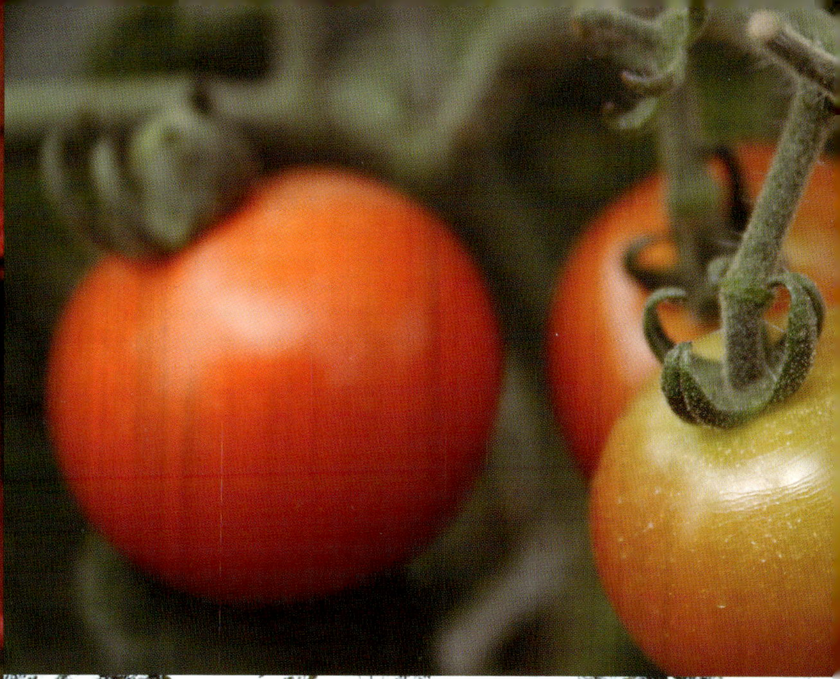
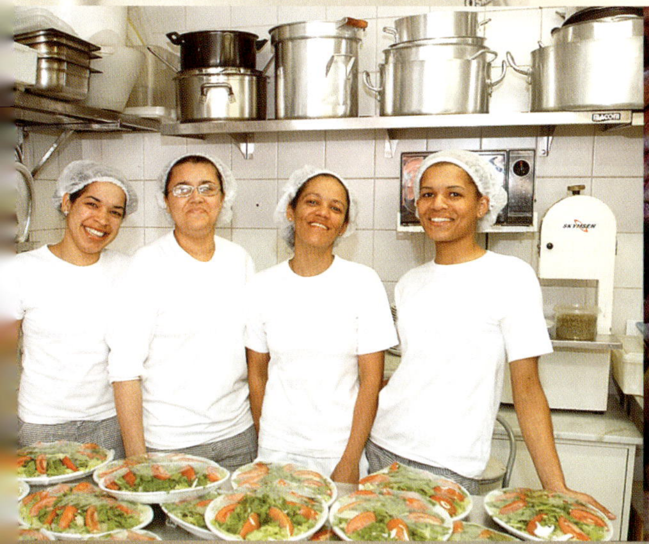
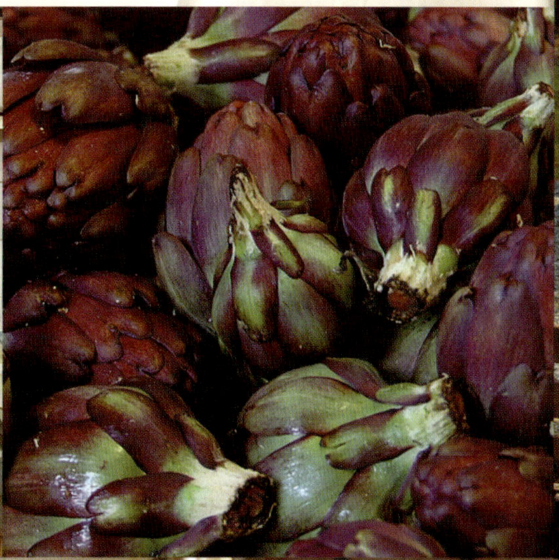
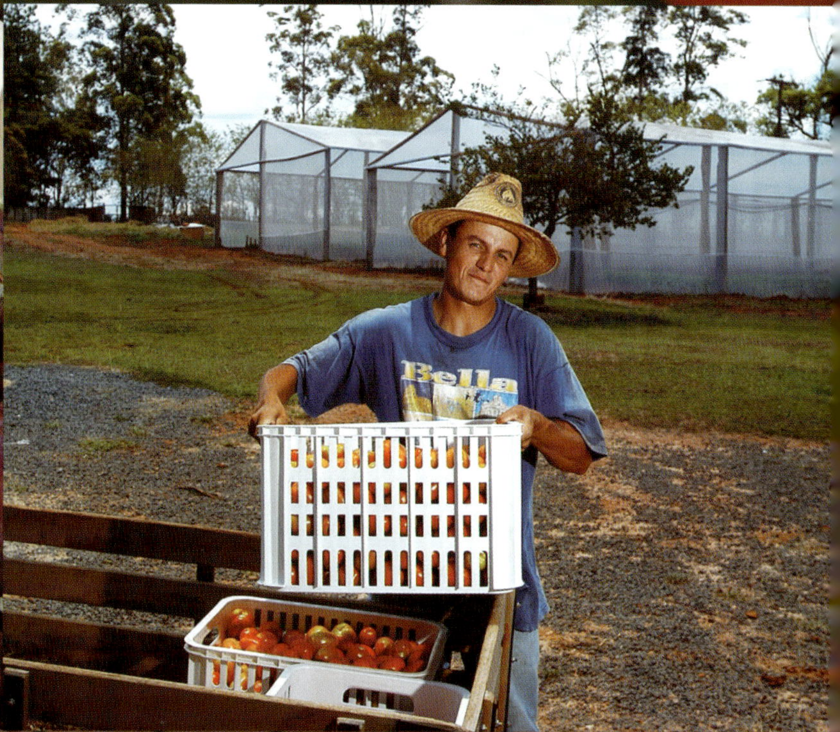
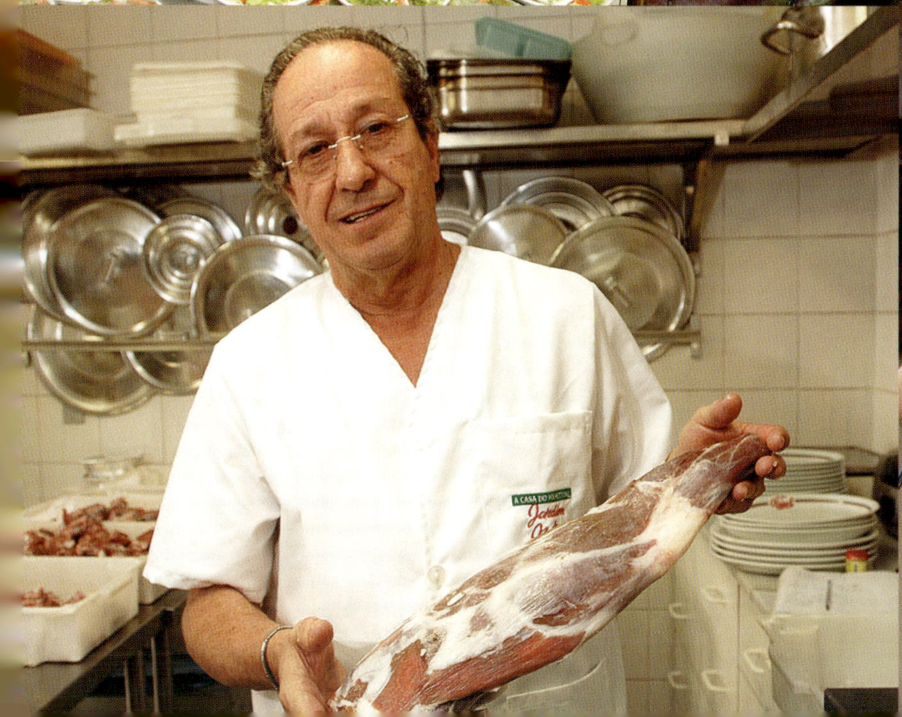
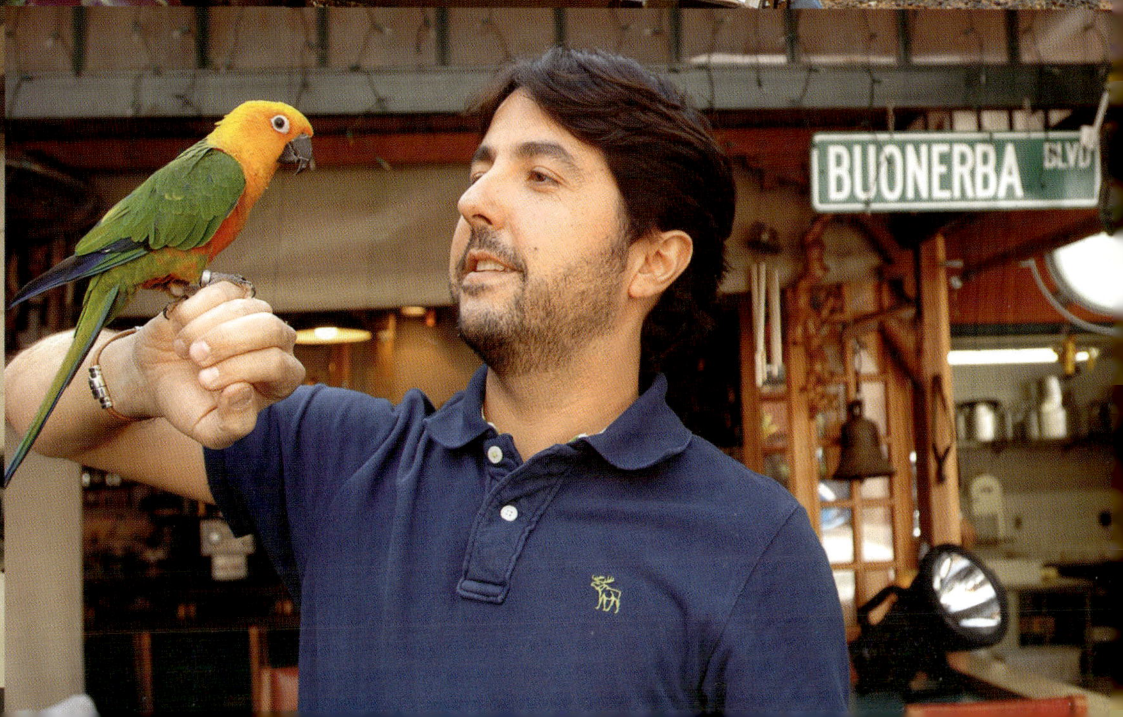
BUONERBA BLVD

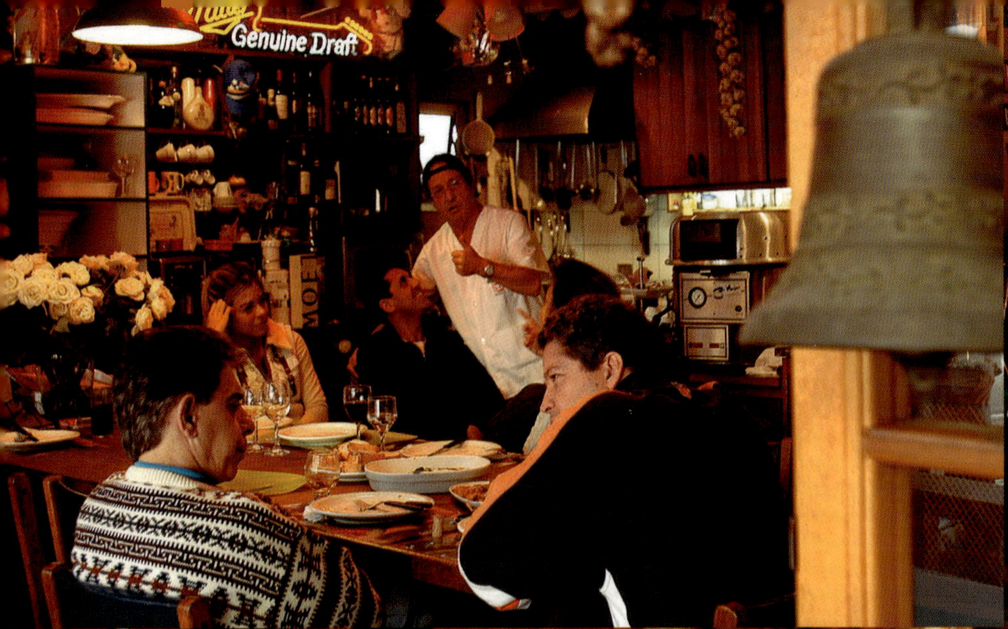
Genuine Draft

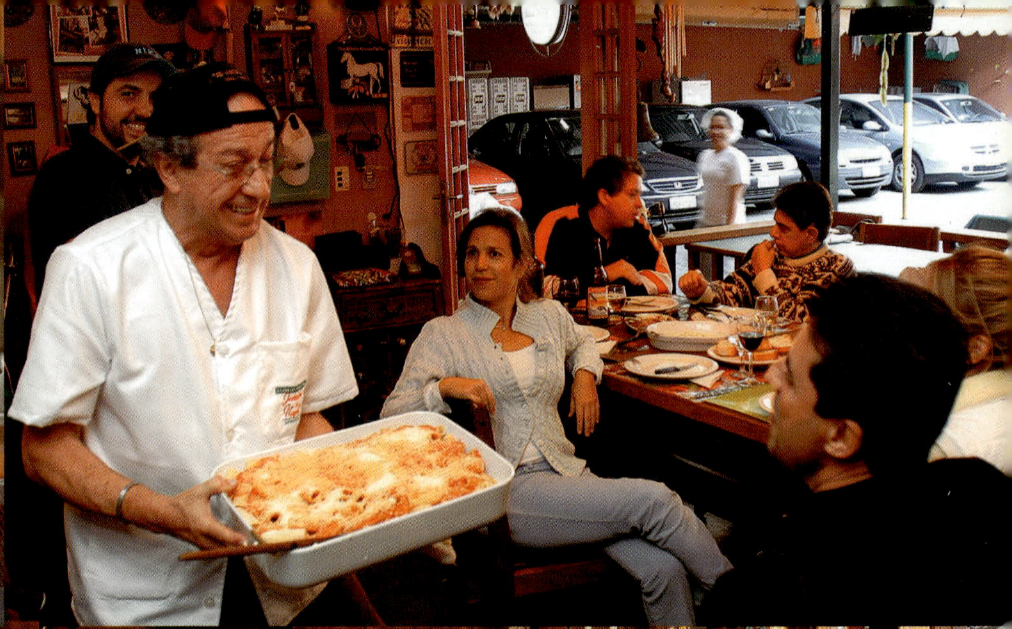

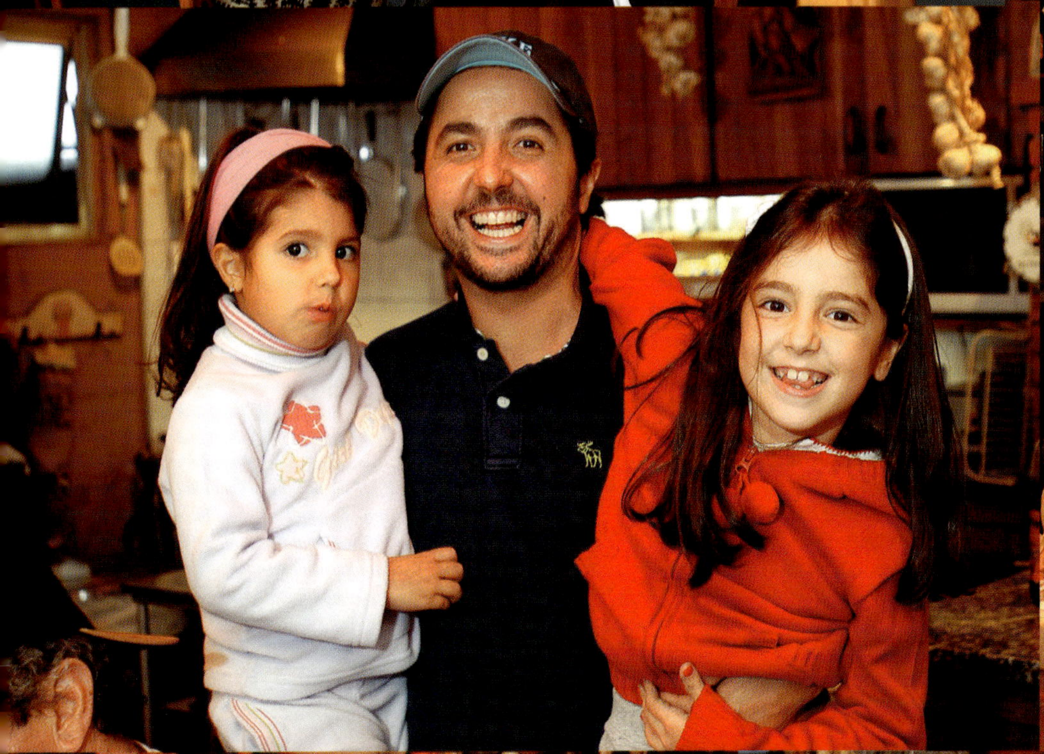

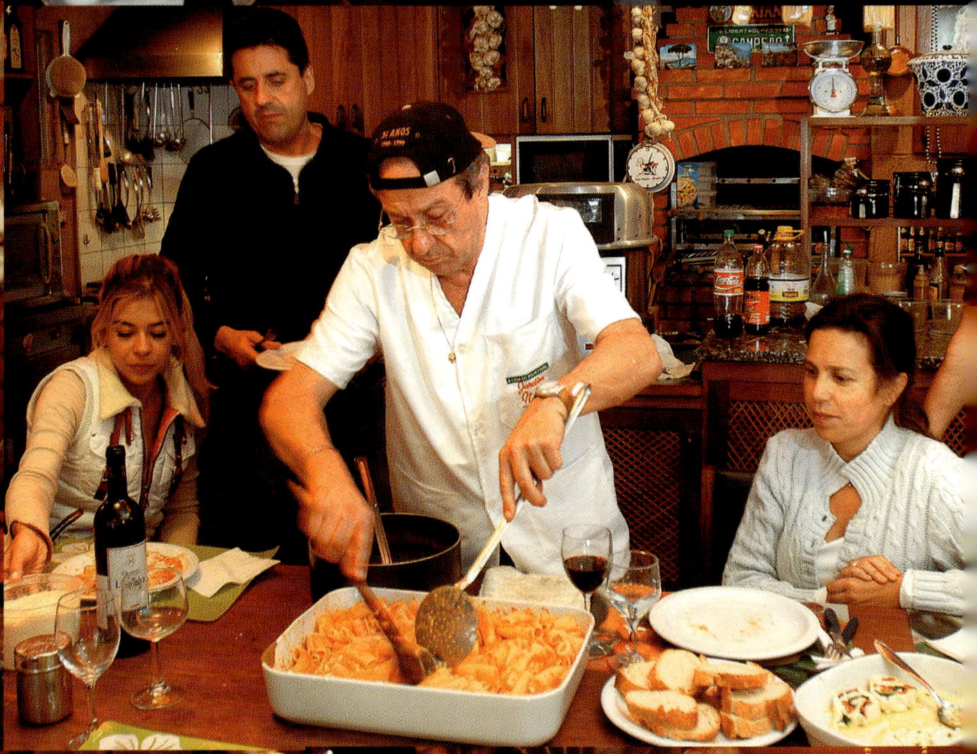

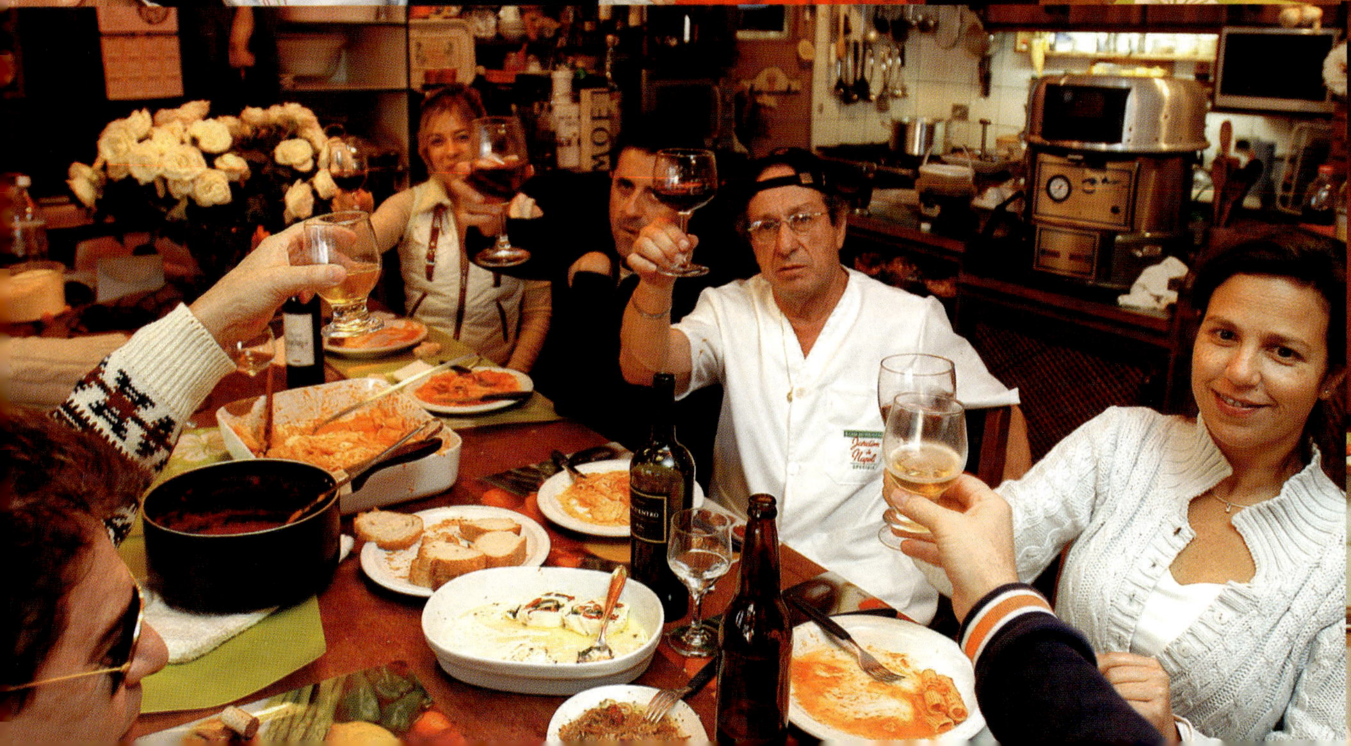

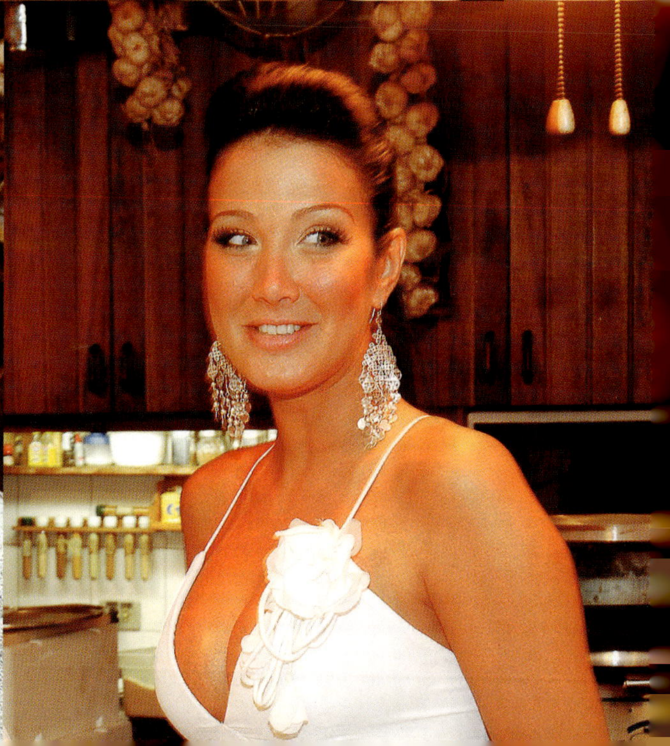

BOTECO DO TONICO

Genuine Dra
DEATH OR
GLORY

BOTECO DO TONICO
CORONA ST 55 E.
STRESS

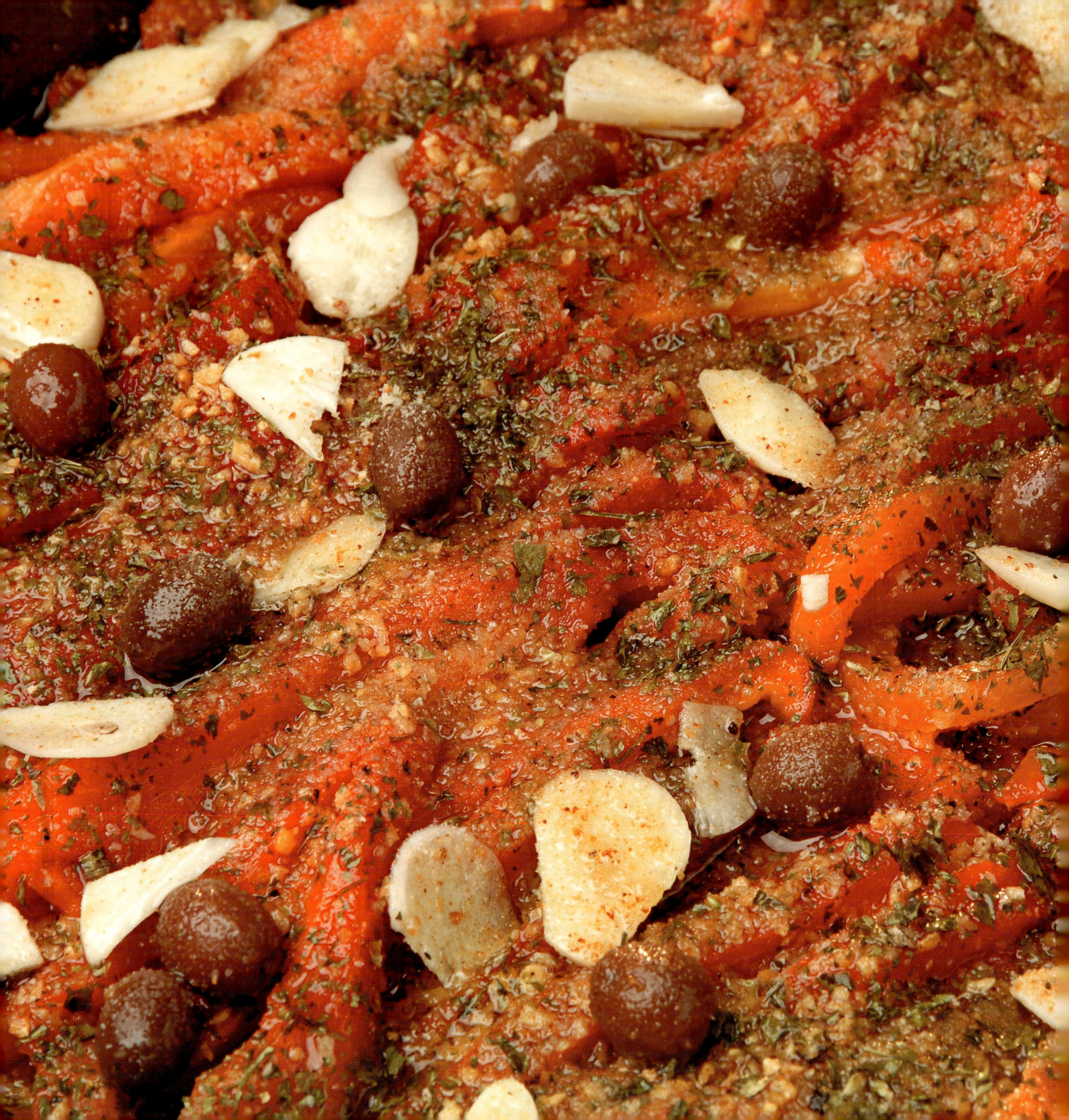

500 g pimentão sem pele

40 ml vinagre branco

20 g alho fatiado

sal a gosto

orégano a gosto

azeite extra virgem de oliva

MODO DE PREPARO: Em uma panela grande, coloque dois litros de água, o vinagre e o sal e deixe ferver. Adicione os pimentões e deixe cozinhar por aproximadamente 15 minutos. Retire-os com uma escumadeira leve e coloque-os em uma vasilha rasa para esfriar. Corte em tiras finas no sentido do comprimento. Em uma fôrma refratária ou em um pote de vidro, vá montando em camadas, o pimentão, o alho, o orégano e o azeite.

RENDIMENTO: 1 unidade

Peperoni
All`Olio

5 kg vôngoles com casca

500 g vôngoles sem casca

250 g cebola picada

100 g alho picado

500 ml azeite extra virgem de oliva

10 tomates maduros cortados em cubos

sal a gosto

salsinha picada a gosto

1,5 Kg spaghetti de grano duro

MODO DE PREPARO: Lave bem os vôngoles com casca e sem casca em água corrente. Deixe os vôngoles com casca de molho em uma vasilha com água e troque mais 2 ou 3 vezes. Em uma panela grande, coloque o azeite, a cebola e o alho e deixe dourar em fogo médio. Coloque os tomates e a salsinha e misture bem. Deixe apurar por 5 minutos. Adicione os vôngoles com casca, misture bem e tampe a panela, deixando cozinhar por aproximadamente 10 minutos, até que as cascas se abram. Adicione então os vôngoles sem casca, misture novamente e deixe cozinhar por mais 10 minutos. Cozinhe a massa em água fervente e sal a gosto. Quando estiver "al dente", escorra e coloque-a em uma travessa grande. Coloque o molho sobre a massa e misture bem.

RENDIMENTO: 6 porções

Spaghetti
Alle Vongoli

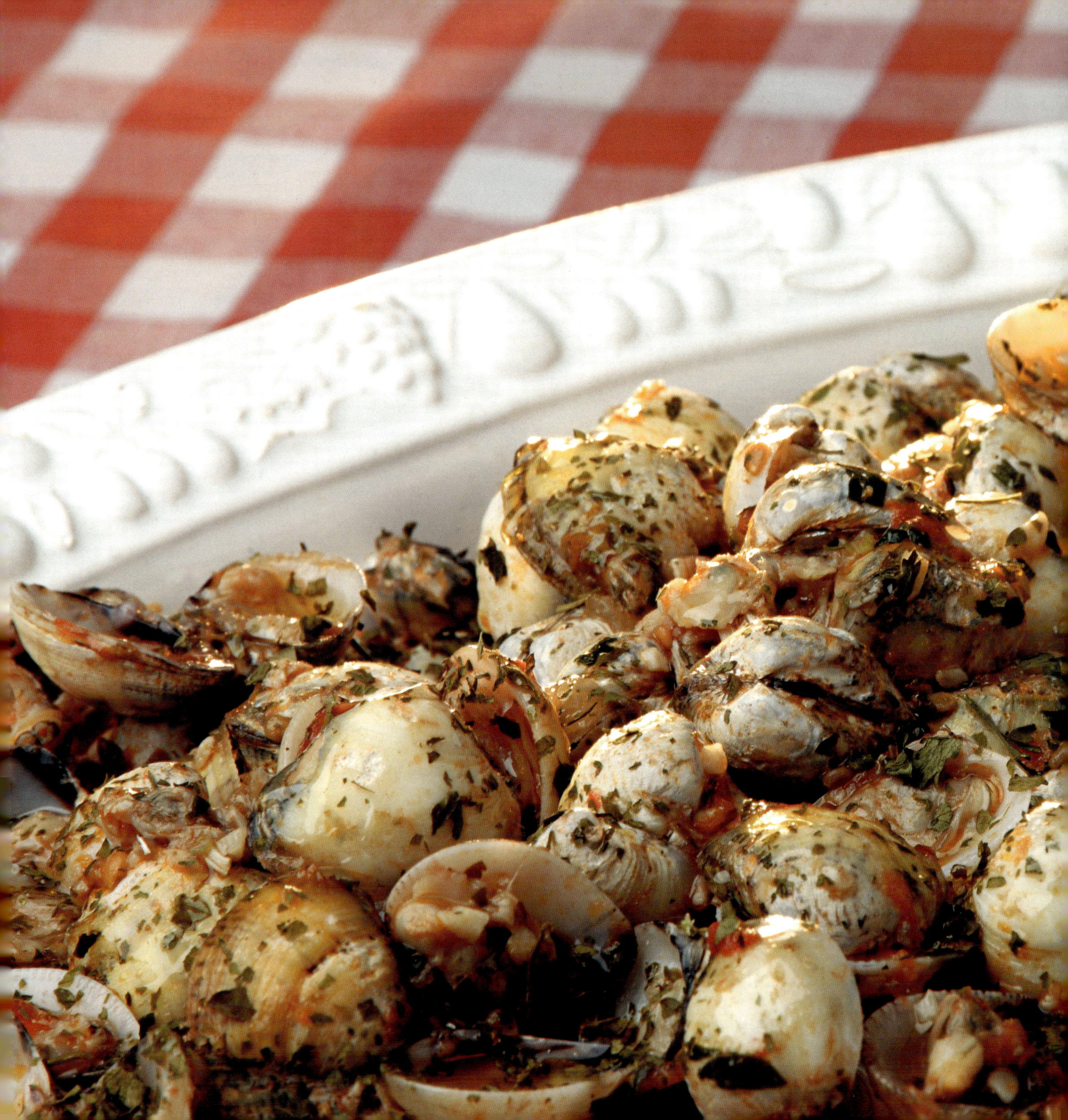

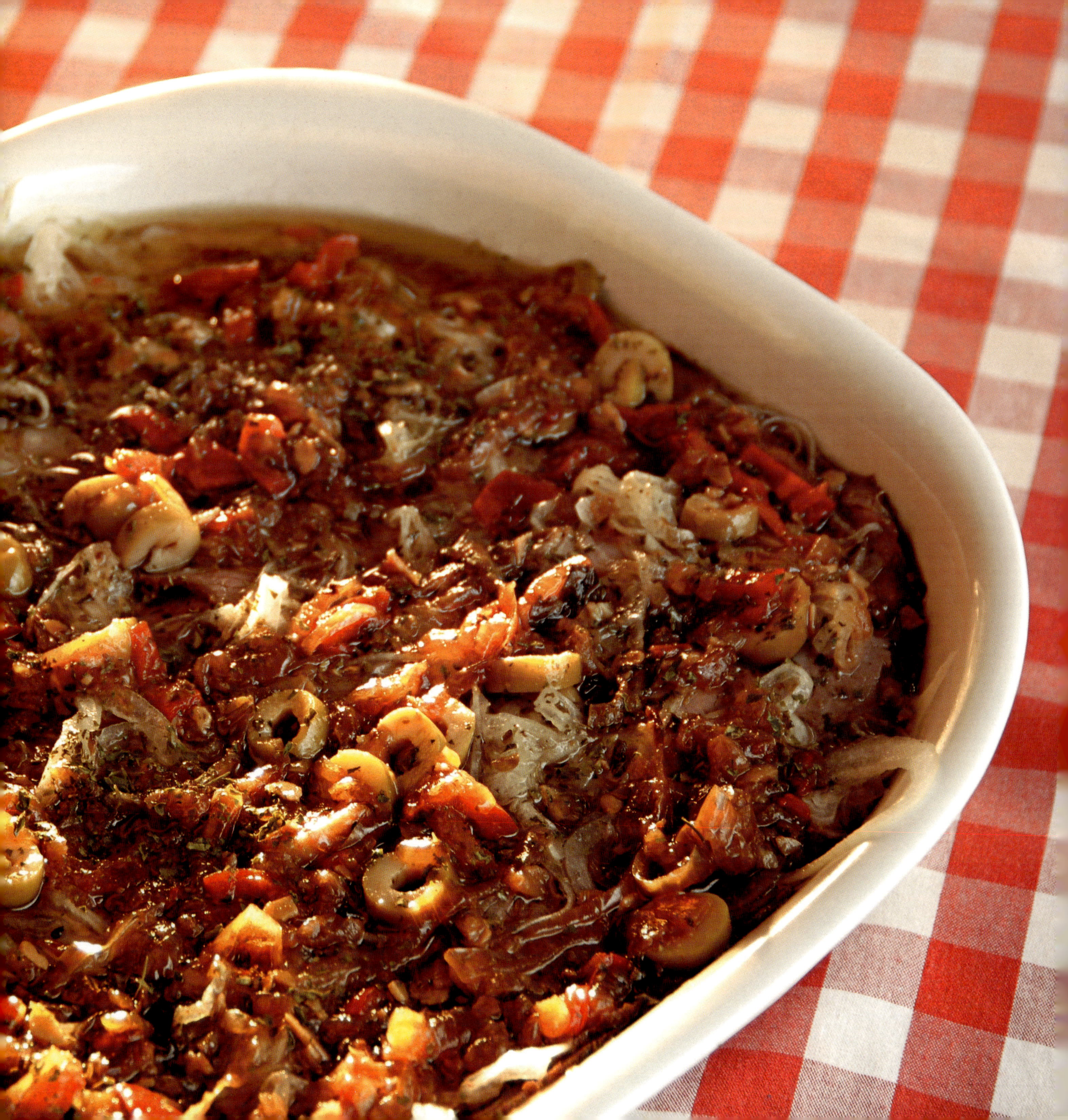

800 g lagarto (peça inteira)
80 g azeitonas verdes fatiadas
meio pimentão vermelho em fatias finas
2 cebolas médias cortadas em fatias de 0,5 cm
80 ml azeite extra virgem de oliva
20 ml molho inglês
40 ml vinagre branco
sal a gosto
orégano a gosto

MODO DE PREPARO: Em uma assadeira, coloque a peça de lagarto e tempere com sal, vinagre, 40 ml de azeite e orégano. Cubra com papel alumínio e leve ao forno, em temperatura média alta, por aproximadamente 1 hora. Em uma vasilha rasa, coloque uma cebola e o pimentão, tempere com sal, o azeite restante e orégano. Tire a carne do forno, adicione as cebolas e os pimentões temperados, cubra novamente e leve ao forno por mais 1 hora. Deixe esfriar e coloque na geladeira por 24 horas. Corte a carne em fatias finas e comece a montagem. Em uma fôrma refratária alta, coloque em camadas a carne, a outra cebola fatiada fina, o orégano, as azeitonas e um pouco do molho da carne. Repita esta operação sucessivamente. Cubra a carne com azeite.

RENDIMENTO: 4 porções

Carne

Pazza

2,4 kg polvo
80 g alho fatiado
40 g salsinha inteira
300 ml azeite extra virgem de oliva
600 g purê de tomates
sal a gosto

MODO DE PREPARO: Tire a cabeça e corte os tentáculos do polvo. Lave em água corrente, limpando bem as ventosas. Coloque em um escorredor. Coloque em uma panela, camadas de polvo, alho fatiado, ramos de salsinha e regue com um pouco de azeite. Repita este procedimento até que os ingredientes acabem. Tampe a panela, leve ao fogo médio e deixe cozinhar por aproximadamente 1 hora. Espete um garfo no polvo e verifique se está macio. Assim sendo, adicione o purê de tomates e misture bem. Experimente e corrija o sal. Deixe por mais 10 minutos.

RENDIMENTO: 4 porções

Polipo
Alla Napoletana

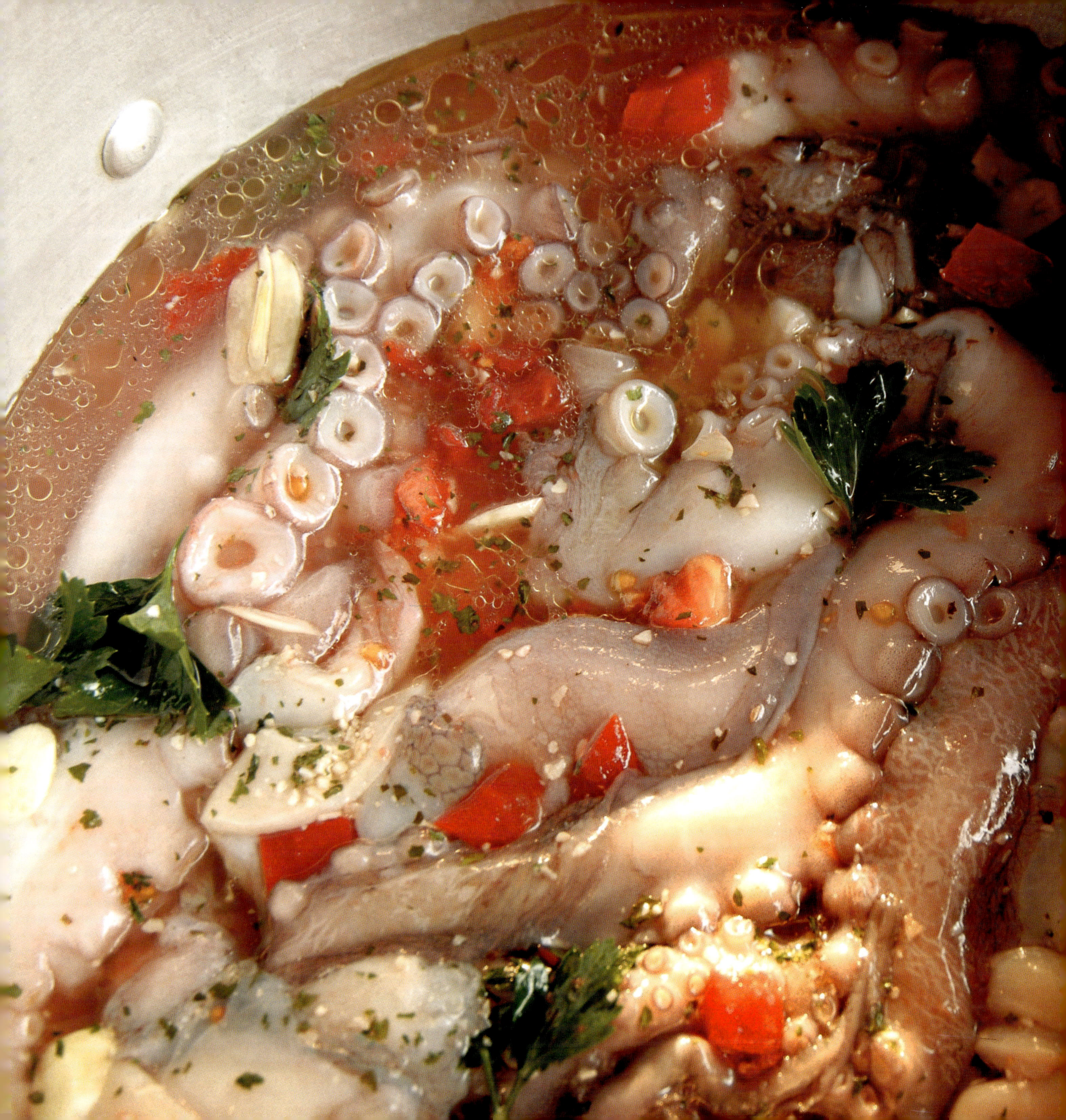

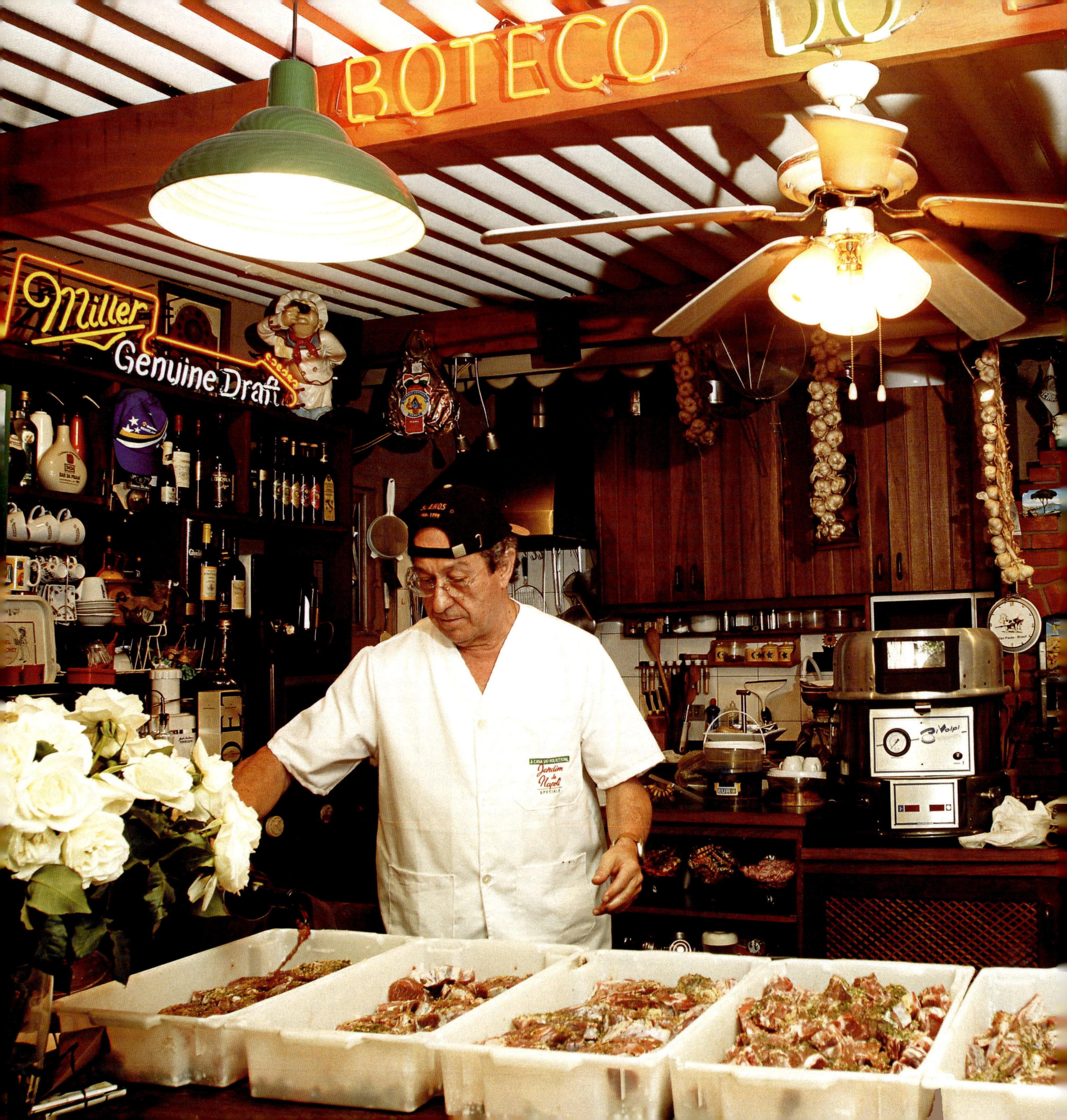
BOTECO
Miller
Genuine Draft

2,5 kg cabrito limpo e cortado em pedaços

1 limão

100 ml vinho tinto

1 kg tomate maduro cortado em cubos

70 g alho fatiado

120 g cebola picada

150 ml azeite extra virgem de oliva

molho inglês a gosto

sal a gosto

salsinha picada a gosto

orégano a gosto

MODO DE PREPARO: Colocar o cabrito em uma vasilha rasa. Tempere com sal, limão, alho fatiado, vinho tinto, molho inglês e orégano. Deixe marinar por 24 horas. Em uma panela, coloque o azeite e a cebola e deixe dourar. Adicione o cabrito com os temperos, misture bem e deixe cozinhar por 30 minutos em fogo alto. Adicione o tomate, misture bem e deixe cozinhar em fogo médio por mais 2 horas. Experimente e corrija o sal.

RENDIMENTO: 4 porções

Capretto
Alla Cacciatora

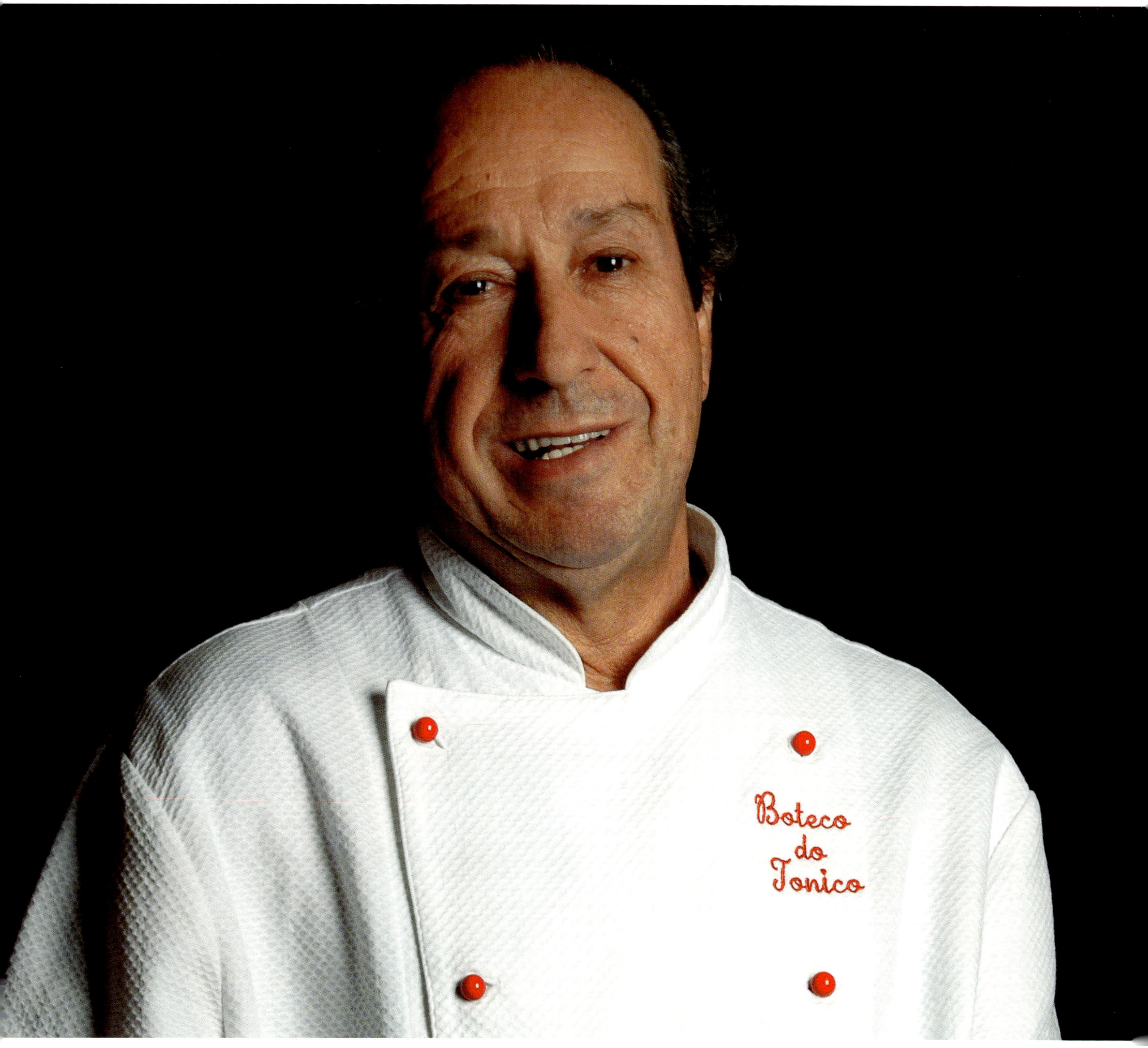
Boteco
do
Tonico

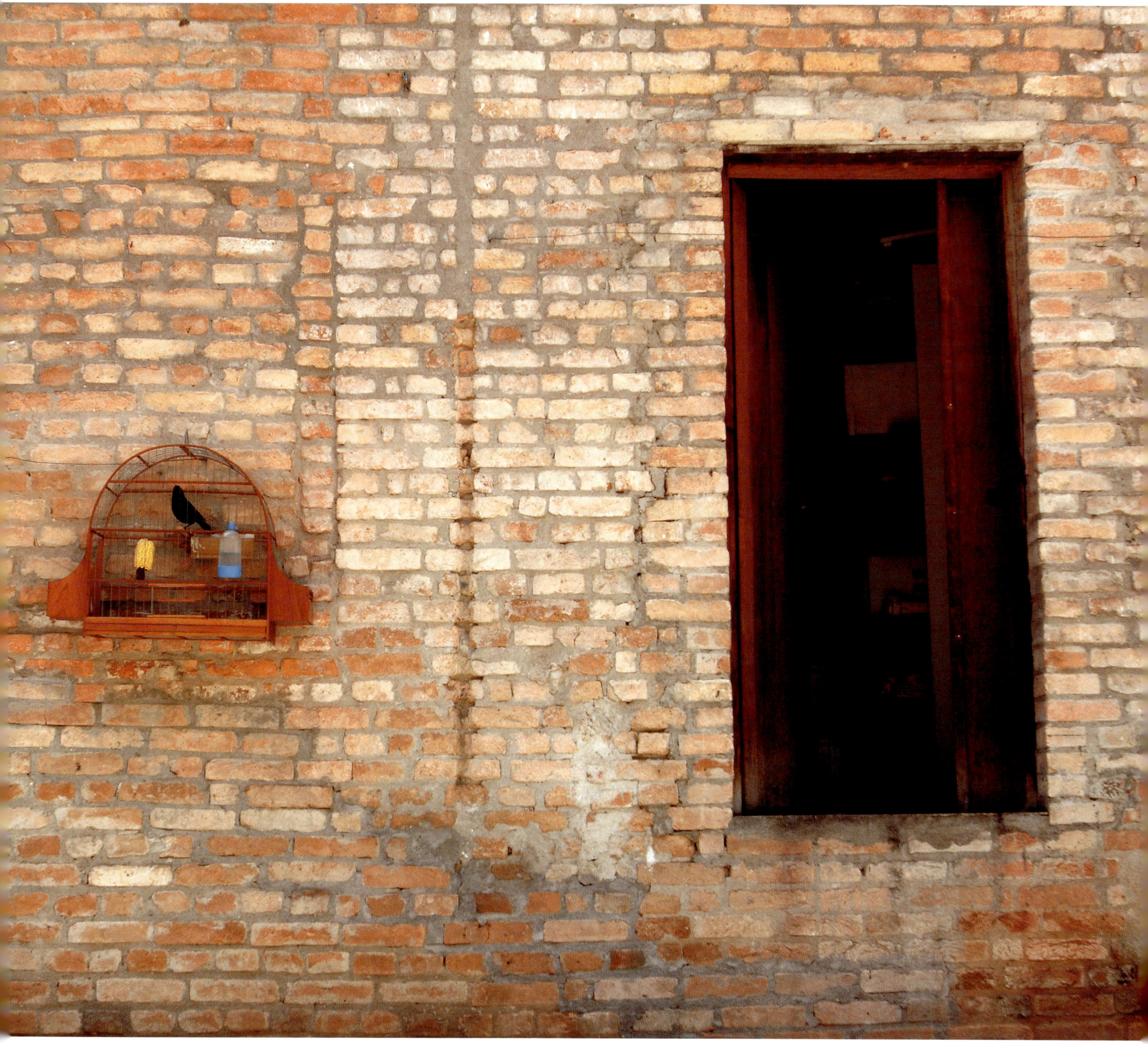

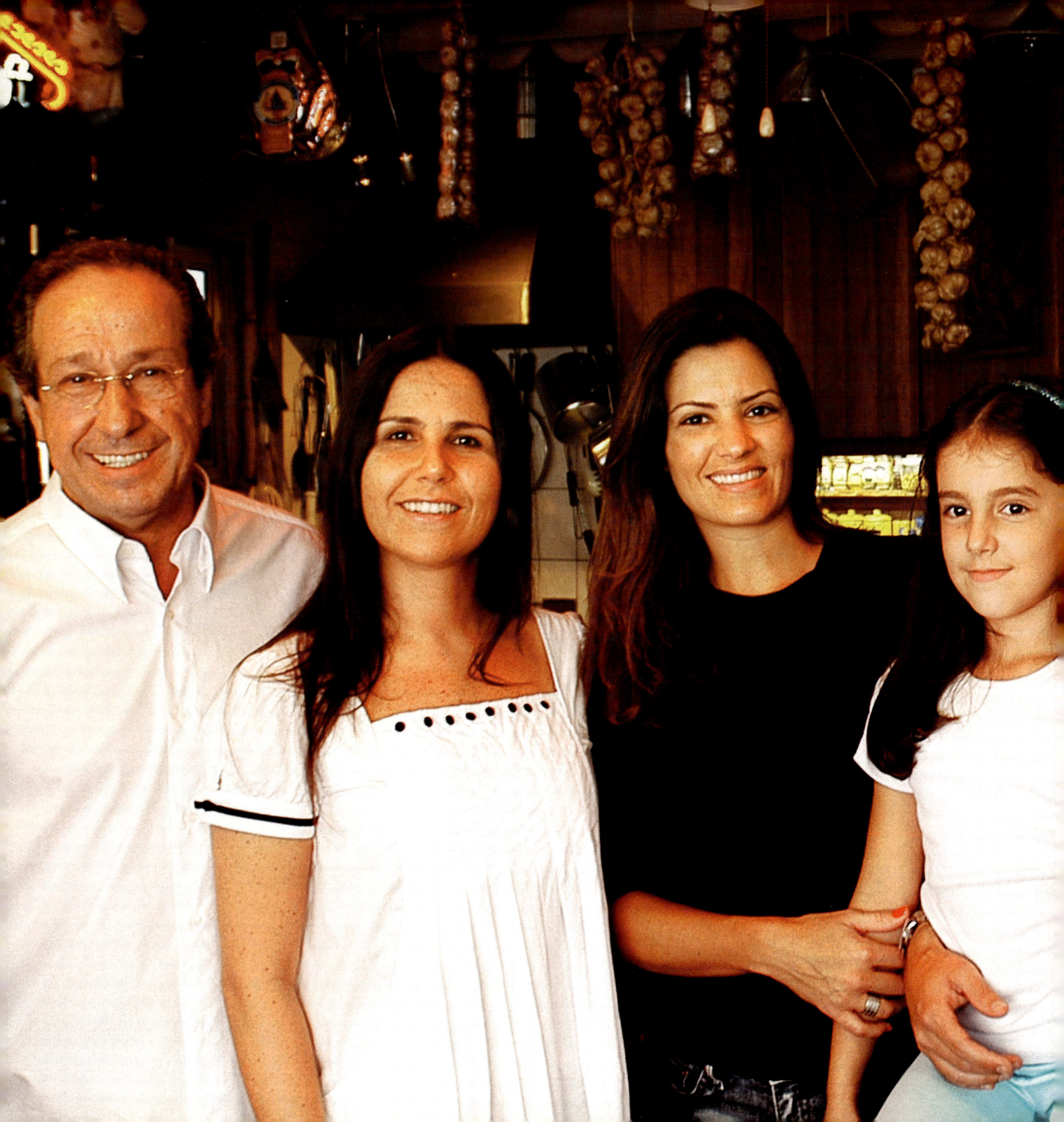

Buon Appetito